KB138839

행복한 교육을 실천하는
장학사를 위한

교육전문직의 모든 것

행복한 교육을 실천하는 장학사를 위한

교육전문직의 모든 것

초판 1쇄 발행 2018년 3월 30일
초판 3쇄 발행 2019년 6월 17일

지 은 이 교육정책디자인연구소
펴 낸 이 이형세
책임편집 윤정기
편 집 정지현
디 자 인 오성민
제 작 제이오엘앤피
펴 낸 곳 테크빌교육㈜
주 소 서울시 강남구 언주로 551, 프라자빌딩 5층, 8층
전 화 02-3442-7783(333)
팩 스 02-3442-7793

ISBN 978-89-93879-94-0 13370

• 이 도서의 국립중앙도서관 출판시도서목록(CIP)은 서지정보유통지원시스템 홈페이지(http://www.seoji.nl.go.kr)와 국가자료공동목록시스템(http://www.nl.go.kr/kolisnet)에서 이용하실 수 있습니다.
(CIP제어번호 : CIP2018008287)

행복한 교육을 실천하는
장학사를 위한

교육 전문직의 모든 것

교육정책디자인연구소 지음
구순란 · 김성천 · 성현정 · 오수정 · 오재길 · 이경아 · 장지혜 · 정승환 · 한정임 · 홍섭근

테크빌교육

프롤로그

장학사, 내면의 이야기를 시작하다

교육전문직은 희한한 존재이다. 그들은 교사 같기도 하고, 때로는 일반 행정직 같기도 하다. 현장을 위해 일하지만, 현장에서 반기는 존재로 보기는 어렵다. 교원들로부터 비판을 받지만, 교육전문직의 경쟁률이 높은 점을 감안하면 선망의 대상인 듯한 묘한 존재인 교육전문직의 정체성이 궁금해진다.

교육전문직, 그들은 누구인가?
어떤 사람들이고, 무슨 일을 하며, 왜 그 일을 하고 있는가?
그들은 무엇을 꿈꾸는가?

이러한 질문에 답을 찾기 위해 이 책은 기획되었다. 최근 들어 학교를 혁신한 교사들의 경험담을 담아낸 책들이 많이 출판되고 있다. 그들의 책은 실천에 바탕을 두었기에 자신감이 가득하다. 그런데 이 책의 저자들은 혁신 스토리가 무궁무진해서 이 책을 내고자 한 것이 아니다. "현장에서 체감할 정도의 놀라운 스토리를 만들어 내서 이 책을 집필했느냐?"고 누군가가 묻는다면 솔직히 자신이 없다. 오히려 변화를 만들기 위해 고민하고 분투했지만 실패와 아쉬움을 더 많이 지녔다는 고백에 가깝다. 그럼에도 이 책을 내는 이유는 무엇인가?

우선은 교육전문직의 정체성을 찾아보고 싶었다. 교육전문직을 '승진의 지름길'로 인식하고 있는 현실을 극복하고, 교육전문직 본연의 역할과 기능, 방향성이 무엇인가를 제시해 보았다. 이를 위해 교육전문직 제도가 도입된 역사와 해외 사례 등을 분석해 보았다.

두 번째로는 교육전문직이 일하는 교육행정기관의 생태계를 다각도로 조망해 보고 싶었다. 교육 관련 기사를 보면 교사들이 권한에 비해 과도하게 비판을 받는 경향이 있다. 교육은 교사만의 몫이 아니고, 다양한 주체와 기관이 함께 어우러지는 합주곡이다. 교육전문직 역시 교육부와 교육청, 교육지원청 등 조직 구조로 보면 그 일부이며, 특정한 영역의 몫을 맡고 있을 뿐이다. 그럼에도 교육부와 교육청이 잘못을 했을 때 비난의 화살은 교육전문직에게 쏟아지는 경향이 있다. 개인의 차원을 넘어 조직과 문화의 관점에서 제 문제를 바라보아야 하기에 교육청이라는 공간을 제도와 법령, 정책, 문화의 관점에서 해부해 보았다.

세 번째로는 쉽지 않은 조건에도 불구하고 나름의 성과를 낸, 혁신하는 교육전문직의 특성과 그들이 어떤 자세와 태도로 일을 하는지 분석해 보았다. 동시에 교육전문직이 현장으로부터 비판을 받는 원인과 내용에 대해서도 살펴보았다. 성찰과 반성이 필요하기 때문이다.

네 번째로는 동참을 촉구하고 싶었다. 깨어 있는 교원과 학부모 한 명의 인식과 실천에 의해 변화가 시작되듯, 이 책의 저자들은 깨어 있는 교육전문직 한 명에 의해 교육부와 교육청, 교육지원청이 변화될 수 있다는 희망을 여전히 품고 있다. 교육부와 교육청을 비난하기는 쉽다. 그러나 그 공간에서 대안을 실현하는 삶은 너무나도 어려운 것이 현실이다. 문제의식은 충만하되, 행정과 장학, 운동, 연구의 관점에서 현장을 지원할 대안세력은 오히려 더욱 많아져야 한다. 교육부와 교육청 역시 우리가 품어야 할 또 다른 정책 공간이다.

이 책이 이미 교육전문직의 길을 걷고 있는 이들에게는 성찰과 다짐의 계기가 되기를, 그리고 교육전문직을 꿈꾸는 이들에게는 준비됨과 실천의 화두를 던질 수 있기를 소망한다.

이 책에서는 익명으로 처리하였지만, 책에 수록된 면담자들과 고군분투기를 보내 준 교육전문직원들에게 감사의 말씀을 전한다.

2018년 3월, 저자 일동 드림

Contents

프롤로그 장학사, 내면의 이야기를 시작하다 …4

1부 · 장학사를 아십니까? / 장학사에 대한 진지한 고찰

1장 장학사 하면 떠오르는 이미지 …13

2장 장학사란 누구인가? …17

3장 장학사, 역사 속으로 …19

4장 장학사, 딜레마에 빠지다 …31

장학사로 살아남기 1 • 교사, 초짜 공무원이 되다 …47

2부 · 장학사, 한번 도전해 볼까? / 17개 시·도 교육청 장학사 선발의 모든 것

1장 어떻게 선발하나? …51

2장 문제는 없는가? …59

3장 바꿀 수 없을까? …65

4장 어떻게 바꾸어야 하는가? …74

장학사로 살아남기 2 · 교육지원청 장학사는 멀티플레이어 …88

3부 · 장학사님, 어디에서 뭐하십니까? / 장학사, 그들의 생태계

1장 교육행정기관을 살펴보자 …93

2장 장학사 업무를 들여다보자 …114

3장 좋은 정책 기획하기 …127

장학사로 살아남기 3 · 도교육청이 하라면 무조건 해야 한다? …139

4부 · 교육청 문화, 이대로 괜찮습니까? / 장학사의 고민과 교육청 조직문화 개선

1장 교육청 문화, 흔들어 깨우기 …143

2장 희망을 노래하기 …161

3장 우리가 꿈꾸는 장학사는? …169

4장 존경받는 교육전문직은 어떤 사람들인가? …182

장학사로 살아남기 4 • 주무관과 한 편 되기 …195

에필로그 미래를 말하다 …197

부록 …227

1. 외국의 장학제도
2. 교육부 및 시 · 도 교육청 교육전문직원 선발 계획
3. 교육행정기관 조직도
4. 창의적인 기획안(사업안), 이렇게 써보자

1부

장학사를 아십니까?

장학사에 대한 진지한 고찰

“장학사로 생활하면서 관료주의, 학교의 부담, 민원, 과도한 업무 등 많은 어려움을 겪었지만, 한편으로 학교의 긍정적인 변화를 이끌 수 있는 정책을 기획하고 추진하면서 장학사로서의 성취감을 느낍니다. 더 나아가 현장의 변화를 이끌어 교육의 희망을 찾을 수 있다고 믿으며 생활하고 있습니다.”

— 교육청 K장학사

장학사 하면 떠오르는 이미지

50대 민원인이 씩씩거리면서 교육청 사무실로 들어왔다. 심상치 않은 분위기를 감지한 교육청 과장이 "제가 ○○과 과장입니다. 제게 말씀을 하시지요."라고 말했다. 그러나 민원인은 "과장은 필요 없고, 장학사 나오라고 해!" 하며 소리쳤다.

젊은 세대는 잘 모르겠지만 50대 이상은 장학사를 대단히 높은 사람으로 생각한다. 40대 이상은 장학사 하면 '청소'를 떠올린다고 한다. 학교에 장학사가 방문하는 날이면 열심히 학교 청소를 하거나, 장학사가 참관하는 수업이 평소 선생님의 수업과 많이 달랐던 경험이 있어서다.

개인적 경험을 이야기하자면, 교사로서 장학사에 대한 첫인상은 마음의 상처였다. 근무하던 학교가 '종합 장학지도'를 받던 날이었다. 당시는 종합 장학지도가 어떤 의미를 가지고 있으며, 교사로서 어떻게 해야 하는 것인지 이해하지 못한 상태에서 막연히 학교에서 뭔가 특별한 행사를 하는 날이라고 생각했다. 당시 교장 선생님이나 교감 선생님 그리고 경력이 높은 동료 선생님들에게는 매우 긴장되는 행사였을 것이다. 장학사가 각 교실을 순서대로 방문하며 잠시 수업 참관을 하는 시간이 있었다.

당시 나는 학교에서 막내 교사였고, 막내 교사들은 고학년을 담임하는 것이 당연시되던 시기였다. 나 역시 극성스런 6학년 담임이었다. 장학사가 참관하는 수업 시간에 마침 우리 반은 과학과 조별 실험이 진행되고 있었다. 장학사가 우리 학급을 방문했을 때 아이들은 실험을 하느라 소란스러웠고 장학사가 교실에 들어오는 것도 모른 채 실험에 열중하고 있었다. 저경력 교사였던 나는 차분하고 안정된 수업 분위기를 확보하지 못하던 시기였다. 그 날도 과학 조별 실험으로 인해 평소보다 더 소란스러웠지만 크게 생소한 상황은 아니었다.

장학사는 불쾌한 얼굴로 잠시 살펴본 후 교실 밖으로 휙 나갔고 학년주임 선생님이 그 뒤를 따랐다. 오후 학년별로 진행된 수업협의회 시간에 장학사는 우리 학급을 다른 학급과 비교하면서 매우 소란스러웠다고 지적하였고, 그 외에도 정확히 기억나지는 않지만 여러 가지 불편한 말을 들어야만 했다. 당시 부끄러움과 수치심에 다른 말들은 귀에 들어오지 않았다. 물론 그 이후 좋은 장학사들을 더 많이 만났고 도움도 많이 받았지만 첫인상은 그리 좋지 못했다.

일반 교사들에게 장학사 하면 떠오르는 이미지는 무엇일까? 중등 L교사는 다음의 글을 떠올린다.

> 노예가 노예로 사는 삶에 너무 익숙해지면 놀랍게도 자신의 다리를 묶고 있는 쇠사슬을 서로 자랑하기 시작한다. 어느 쪽의 쇠사슬이 더 빛나는가, 더 무거운가. 그리고 쇠사슬에 묶여 있지 않은 자유인을 비웃기까지 한다. 하지만 노예들을 묶고 있는 것은 사실 한 줄의 쇠사슬에 불과하다. 그리고 노예는 어디까지나 노예에 지나지 않는다.
>
> — 리로이 존스(LeRoi Jones, 흑인 문화운동가)

장학사 중 일부는 행정업무 권한을 특권으로 생각하는 경우가 많다. 일부 장학사들은 단위학교에 대한 행정규제, 교육부의 특별교부금 연구사업 대상교 선정, 교육청 주관 교육활동(지원단 선정 및 운영, 전국연합학력평가 등 도단위 평가 연구 참여, 도단위 연구회 선정)을 단위학교 및 교사의 통제 수단으로 여긴다. 예컨대, 연구학교 하나만 보아도 일련의 행정업무 프로세스가 들어가게 되는데, 지정해야 하는 학교 수보다 지원하는 학교 수가 많은 경우 학교는 저자세로 임할 수밖에 없다.

교육행정업무는 장학사가 계발해야 할 능력의 일부분이지만, 장학사 역시 행정업무로 인해 결국 과로하고 적지 않은 스트레스를 받는다. 단위학교에서 많은 비판을 받고 있으면서 그것을 장학사가 지닌 특권으로 생각하는 순간, 현장을 지원하기보다는 통제하고 지시하게 된다. 지금은 민원인에 대한 전화 응대 태도 및 자세가 상당히 부드러워졌지만 예전에는 교사가 장학사에게 잘못 전화했다가 그것도 모르냐는 핀잔을 듣는 일이 적지 않았다고 한다. 교육전문직의 특권 의식과 엘리트 의식으로 인해 행정업무가 지원이라기보다는 사실상 통제의 성격을 지니게 된 것이다.

장학사란 누구인가?

먼저, 국립국어원 표준국어대사전을 살펴보자.

"장학사란 교육공무원의 하나로 장학관의 아래 직급으로, 현장 교육 실천을 추진하기 위하여 교육목표, 교과과정, 교재 연구, 학습 지도법, 교원 연수, 학교 평가 따위의 교육에 관한 모든 조건과 영역을 대상으로 하여 지도·조언하는 일을 맡아 하는 사람"으로 설명하고 있다.

좀 더 자세히 알아보기 위해 교육공무원법을 살펴보자.

제2조 (정의) 관련 판례

①이 법에서 "교육공무원"이란 다음 각 호의 어느 하나에 해당하는 사람을 말한다.

1. 교육기관에 근무하는 교원 및 조교

2. 교육행정기관에 근무하는 장학관 및 장학사

3. 교육기관, 교육행정기관 또는 교육연구기관에 근무하는 교육연구관 및 교육연구사

②이 법에서 “교육전문직원”이란 제1항 제2호 및 제3호에 따른 교육공무원을 말한다.

‘교육전문직원’은 장학관, 장학사, 교육연구관, 교육연구사를 일컫는다. 엄밀히 말하면 장학사는 교육전문직원 중 한 직렬로 교육행정기관에서 근무한다. 이때 교육행정기관은 현재 교육부와 시·도 교육청, 교육지원청을 의미한다. 하지만 교육연구원이나 연수원에서 근무하는 교육전문직원도 장학관이나 장학사로 부르는 경우가 많다. 따라서 본 책에서도 장학사, 교육전문직원의 두 용어 중 상황에 따라 더 적합한 것이 쓰일 텐데 같은 의미로 보면 된다.

장학사, 역사 속으로

이제 장학사가 언제, 어떤 이유로 우리 교육에 등장하게 되었으며, 어떤 역할을 하게 되었는지, 그리고 어떤 흐름을 거쳐 오늘날에 이르렀는지 역사적 관점에서 바라보고자 한다. 어떤 존재이든 그 탄생 배경과 성장을 이해하는 것은 미래의 발전 모습을 상정하고 가꿔 나가는 데 매우 유용하다.

일제강점기

우리나라에서 장학사의 뿌리는 일제강점기 '시학관(視學官)'에서 찾을 수 있다. 안상원,[1] 이기훈[2]의 기록에 따르면 시학관은 대한제국과 일제강점

1 안상원(1969), 시학제도의 형성과정과 일정하 한국에 있어서의 시학기관, 한국교육사학, 1 : 이기훈(2008) 재인용

2 이기훈(2008), 식민지 교육행정과 조선인 교육관료–시학관과 시학을 중심으로, 이화사학연구 第36집

기 교육전문직의 관직 명칭으로, 1894년(고종 31) 학무부를 설치했을 때 처음 도입되었다. '시학(視學)'이라는 말은 영어의 'inspection'에 해당하는 교육행정의 한 분야로, 주로 각 학교의 학습 시찰을 주목적으로 하는 교육행정직급이다. 이 직무를 담당하는 관직자를 '시학' 또는 '시학관'이라 하며, 이들은 시학사행정(視學事行政)에 관한 포괄적인 권한을 가졌다.

우리나라의 많은 제도가 그러하듯 장학사 제도 또한 일본의 영향을 크게 받았다. 우리나라에서 현재의 지역 교육지원청이 그 명칭을 개편하기 이전 지역 교육청으로 불리던 시기의 부서 조직에 학무과(學務課)가 존재하고 있었던 것도 일본의 영향이다.

일제강점기하에서 교육 분야의 최고위직인 조선총독부 학무국장이나 학무국 내 과장, 각 도의 학무과장 등의 자리에는 고등문관시험 출신의 일반행정 관리들이 많이 임용되었다. 그러나 고등문관시험을 통해 선발되어 여러 행정직을 거쳐 온 행정 관료들은 교육에 대한 전문 지식은 부족할 수밖에 없었다. 따라서 사범교육을 받고 교직 경험을 쌓은 교사 출신들이 교육행정 체계 속에서 중요한 역할을 수행했으니 시학(관)이 대표적인 경우다. 물론 조선총독부 시학관들은 모두 일본인 교육전문가 출신으로, 시학관과 시학은 대표적인 식민지 교육행정 관료라 할 수 있겠다.

교육 분야를 통제하고 관리하기 위해 교육을 잘 아는 교육자들이 교육행정을 겸하도록 하였다는 점은, 취지의 순수성은 제외하고 정책을 추진하는 입장에서 매우 타당하고 합리적인 방법이다.

『1945년 이전 한국관련 자료 해제집』에서는 일제강점기 일본 저자의 교육서적을 통해 당시 조선 교육현장의 문제를 어떤 식으로 인식했는지 알 수 있다. 학교교육의 주된 목적은 우리 학생들이 일본의 충성스런 국민이 되는 데 있으며, 그 역할을 교사가 충실히 수행해 주기를 기대하는 것을 추측할 수 있다. 이러한 맥락 속에서 교육행정을 담당하던 시학(관)이 어떤 태도와 인식으로 교사를 대했는지 짐작하기는 어렵지 않다.

시학관은 조선총독부 학무국 소속의 고등관으로 중등학교 이상의 고등교육기관에 대한 시찰을 주로 담당하였다. 이에 비해 시학은 각 도의 학무과나 군에 소속되어 교육행정 실무를 담당하면서 해당 지역의 중등학교나 보통학교에 대한 교육 시찰을 담당하였다.

총독부 시학관들이 살펴본 내용은 ①교육행정 상황 ②학교교육 상황 ③일본어 보급 상황과 시책 ④학교 위생 상황 ⑤학교 경제 상황 ⑥학교와 그 소재지의 관계 ⑦서당 및 사설 학술 강습회 ⑧사회교육 및 기타 교육 학예에 관한 시책 ⑨학사관계 직원 집무 상황 ⑩특히 지시, 명령받은 사항 ⑪그 외 필요하다고 인정되는 사항이다. 결국 학교 안팎은 물론 지역사회를 포함하는 총체적인 학교 시찰이라 할 수 있다.

이와 같은 학교 업무의 전 영역을 시찰하며 학교의 일과를 변경하여 수업을 하게 하거나 생도와 아동의 학력을 시험할 수도 있었다. 또 시찰 과정에서 ①법규에 저촉되는 사항 ②청의(聽議)의 결정에 반하는 사항 ③교수 훈육에 관한 사항 ④기타 특별히 지시, 명령받은 사항에 대해서는 학교 관계자들에게 주의를 주고 주의사항을 학교 기록에 남기고 시학관들에게 확인을 받게 했다.

시찰 업무 외에도 조선총독부의 중요 교육정책의 입안이나 해설에 관여하였고, 정책을 홍보하거나 전쟁 협력을 촉구하는 글도 작성하여 이데올로기 선전자의 역할도 적극적으로 수행했다. 가장 주된 임무는 일상적인 학무 시찰로, 교육현장에 대한 감시와 통제를 제일의 책무로 삼았다고 한다. 물론 그 근본 목적은 일제강점기하에 있는 조선인에 대한 지배를 견고히 하고, 전쟁에 유용한 인력으로 키워 내기 위한 데 있었을 것이다.

오늘날 장학사의 모태가 되는 시학(관)이 일제의 체제를 유지시키기 위한 존재로 교육 전반에 걸쳐 학교와 지역사회를 감시하고 통제하기 위한 강력한 수단이었다는 사실은 우리 역사의 뿌리 깊은 슬픈 현실을 되새기게 한다.

위의 기록에서 알 수 있듯이 그 당시 시학(관)의 위력은 막강했음을 쉽게 짐작할 수 있다. 역으로 학교나 지역사회에 시학(관)은 공포의 대상이 되었을 것이다. 시학(관)의 학교 시찰을 가리켜 "산천초목이 떤다"고 한 말은 당시 시학(관)의 위력이 어느 정도였는가를 말해 준다.

특이한 점은 이와 같은 시학(관)의 모습은 비단 일본에 국한되지 않는다는 것이다. 다른 나라의 상황에서도 유사한 사례를 찾을 수 있다. 폴란드를 배경으로 한 이야기이다.

역사를 몰래 가르쳤어요.

"폴란드의 국왕인 스타니슬라스 오귀스트 왕은 1786년 폴란드 국왕에 선임되었어요. 왕은 교양 있고 예술을 무척 사랑하는 분이었어요."

그때였어요, 복도에서는 날카로운 벨소리가 울렸어요.

"침착하세요. 모두 책을 덮고 바느질 도구를 꺼내세요."

선생님은 차분하게 학생들을 진정시켰어요. 교실은 금세 역사 수업에서 바느질 수업을 하는 곳으로 바뀌었어요. 아이들은 모두 고개를 숙이고 바느질에 열중했어요. 이윽고 교실 문이 열리고 뚱뚱하고 머리가 반쯤 벗겨진 장학사와 교감 선생님이 교실로 들어왔어요. 장학사는 바느질을 하는 아이들을 쭉 둘러보며 말했어요.

"이 학교에서 올바른 교육을 하고 있는지 시험을 해봐야 할 텐데……. 누가 좋을까?"

장학사의 말에 아이들은 행여나 자신에게 질문이 쏟아지지나 않을까 무서워 온몸을 부들부들 떨었어요.[3]

일제강점기 조선의 학교에서 흔히 볼 수 있는 장면이 아니었을까 생각해 본다. 글 속에 등장하는 장학사의 역할이 교육을 통해 식민지 국가에 대한 지배를 견고히 하려는 지배국의 정책을 수행하고 있다는 점에서 조선의 상황과 닮아 있다. 장학사에 대한 부정적 이미지는 일제강점기에 형성되었다고 볼 수 있다.

---

3 김세정(2012), 초등학생이 꼭 알아야 할 성공한 사람들의 공부 습관, 참돌어린이

해방 이후

다음의 이야기는 오래전 우리나라 교실의 상황을 그린 내용으로, 해방 이후까지 남아 있던 일제강점기 장학사의 모습을 상상해 볼 수 있다.

"오늘은 교육청에서 장학사 선생님이 오셔서 여러분이 공부하는 것을 직접 보시기 위해서 우리 교실에 들어와 보기로 한 날입니다. 여러분은 장학사 선생님이 보시는데 말을 잘 듣고 재미나게 공부를 할 수 있도록 해주세요."

담임선생님께서 걱정스러운 얼굴로 어린이들에게 말씀을 하셨습니다. 지금까지 이런 일이 없었는데 이번에는 장학사가 어느 학급에 직접 들어가서 수업을 구경하겠다고 했다는 것입니다. 담임선생님으로서는 어린이들이 걱정이 되지 않을 수 없었습니다.

첫째 시간이 되어서 학급에 들어오신 선생님이 이렇게 당부를 하고, 교실을 깨끗이 치우고 잘 정리를 하여 놓고 "둘째 시간은 국어 시간인데 준비를 잘하고 있어야 해요. 특히 지명을 받으면 대답을 하고 일어서서 바른 자세로 발표를 하고, 책을 읽어야 해요." 하고 다시 다짐을 하시고서 교실을 나가시면서 잠깐 쉬는 동안 준비를 잘하라고 하셨습니다. 아이들은 물론 모두 걱정이 되고 가슴이 콩닥콩닥 뛰기까지 하였습니다.

드디어 둘째 시간이 되어서 머리가 약간 벗겨진 점잖은 모습의 장학사 선생님이 교실로 들어오셨습니다. 장학사 선생님은 "선생님, 오늘 지명을 하실 때에 아아, 오늘이 23일이니까 끝번호가 3번인 사람을 차례로 좀 시켜 주세요. 아이들의 상태를 통계 내어 보기 위한 것이니 걱정은 하지 마시고 말이죠." 하고 부탁을 하셨습니다.

“네, 그렇게 하겠습니다.” 하고 대답을 한 선생님은 아무래도 걱정이었습니다.

‘왜 하필이면 3번이람. 제일 책을 못 읽는 동걸이가 있는데 걱정이잖아.’ 이렇게 생각을 하면서도 어쩔 수가 없습니다.

선생님은 책을 펴서 우선 읽어 보고 그 줄거리를 잡는 이 시간의 공부를 하기 위해서는 글이 긴 이번 단원을 모두 읽어야 한다는 것이 몹시 걱정이 되었습니다. 아무래도 13번인 동걸이를 피하는 방법은 없을 것이기 때문입니다.

“자, 책을 폈지요. 이번 시간에 공부할 문제가 무엇이지요?”

“네, 글을 읽고 글의 줄거리를 잡는 것입니다.”

“네, 좋아요. 그럼 우선 책을 읽어 보도록 하지요. 43번 읽어 보세요.”

선생님은 한사코 동걸이가 책을 읽지 않도록 해보려고 애를 썼습니다. 그래서 오늘은 맨 꽁무니의 43번부터 읽게 한 것입니다. 그러나 33, 23번을 지나서 13번의 차례가 되고 말았습니다. 아직도 책은 두 쪽이 더 남아 있으니 안 읽게 하는 방법이 없었습니다.

“13번 동걸이 읽어 볼까?”

“예.” 하고 일어서는 동걸이의 모습은 전혀 자신이 없습니다. 아직 책을 제대로 읽을 줄도 모르는데, 더구나 장학사 선생님이 계시는 앞에서 읽는다는 것이 여간 겁이 나는 것이 아니었습니다. 주저주저하면서 일어선 동걸이가 책을 펴 들자 옆에 앉은 성진이가 작은 소리로 책을 읽어 가기 시작하였습니다. 동걸이는 이 소리를 들으면서 책을 읽는 것입니다.

(중략)

동걸이는 얼굴이 벌겋게 되어서 펄썩 주저앉고 말았습니다. 그럴 수밖에 없는 일이었어요. '냉개'란 말은 '넘겨'를 말하는 그 고장의 사투리였습니다. 그러니까 성진이는 "냉개 냉개 냉개야." 하고 책장을 넘기라고 독촉을 하였던 것인데 그만 동걸이는 이걸 책을 읽는 것인 줄 알고 따라 읽어 버렸으니 말입니다.[4]

군사정권 시절 장학사라고 크게 다르지 않았다. 그 당시를 겪었던 이들의 글을 찾아보니, 한 블로그에서 군사정권 시절 장학사의 이미지를 짐작할 수 있는 생생한 후기가 있었다.

1970년대 후반의 어느 해 3월, 사범대학을 갓 졸업한 나는 경기도의 한 고등학교에 병아리 교사로 부임했다. 유신정권이 막바지로 접어든 시기였다. 부임 후 두어 달이나 지났을까. 장학사가 온다고 학교 전체가 난리가 난 듯했다. 그 모습이 초등학교 시절과 하나도 달라진 게 없었다. 청소는 물론이고 각 분장업무별 공문 정리, 수업지도안 보완 등 어수선한 두어 주를 보낸 뒤 장학사를 맞았다.

그는 젊어 보였다. 꼭 다문 입술이 단정했고, 말도 깍두기처럼 각이 져 있었다. 교감 이하 전 교사가 교무실을 가득 메웠고, 장학사는 맨 앞 반층 높은 자리에 제왕처럼 앉아 전체 교사들을 내려다보는 자세로 앉았다. '고압적'이라는 말의 뜻을 눈앞에서 깨닫는 순간이었다. 두려움과 긴장으로 팽팽해진 교감과 교사들의 얼굴이 보였다. 그 시각쯤 교장은 교장실에 앉아 좌불안석이었을 것이다.

---

4 김선태, 냉개 냉개 냉개야! – 50년대, 이제 70대 할아버지 할머니가 되어버린 분들의 교실 모습, 한국교육신문, 2017.3.27 등록글

물을 끼얹은 듯 좌중은 고요했다. 장학사의 손에는 교사 명단이 들려 있었다. 갑자기 장학사가 "○○○ 선생!" 하고 불렀다. "네!" 하고 일어나 부동자세로 선 그 교사에게 장학사는 "학교운영 방침과 교훈을 말씀하시고 설명해 보시오!"라고 말했다. 그 교사는 교훈은 그런대로 말했으나 학교운영 방침은 생소했는지 대답을 하지 못했다. 나도 가슴이 덜컥했다. 교사라면 학교운영 방침쯤은 알고 있어야 한다는 것을 그 순간 깨달았기 때문이다. 낮고 음침하면서도 깍두기 같은 질타가 장학사의 입에서 튀어나왔고, 그 교사는 사색이 되어 있었다.

장학사는 다른 교사 두 명을 호명하여 '수업지도안'을 갖고 나오라 했다. 대충 한두 페이지를 넘겨보던 그는 장황하게 문제점을 지적하기 시작했다. 참으로 '영명하신' 장학사였다. 교사들이 힘들여 작성했을 지도안을 그 짧은 순간에 어찌 그리도 '당당하게' 짚어 낼 수 있단 말인가. 자연히 장학사의 말 가운데 칭찬보다는 질타, 훈계가 압도적이었다. 흡사 그는 학교의 약점을 잡아 교사들을 겁주려고 찾아온, 일종의 '저승사자'처럼 보였다. 초등학교 시절 형성된 장학사의 이미지가 교사가 된 후에도 그대로일 줄을 모르고 있던 나였다. 참으로 무서운 것이 장학사란 직책의 고압적인 분위기였다. 공부를 더 해야겠다는 이유로 교단을 떠났지만, '장학사 – 교장 – 교감 – 부장' 등 교육계의 고압적 관료 시스템이 주는 불만과 좌절도 크게 작용했음을 요즘 들어 더 깨닫게 된다.

그 후 장학사에 대한 두려움이 없어지게 된 것은 순박하고 성실한 내 친구들이 장학사, 장학관 등으로 진출하는 것을 보면서였다. "아, 저런 친구들이 장학사의 계급장을 달고 일선 학교에 나가 병아리 같은 학동들과 순진한 선생님들 앞에서 목에 힘을 주었던 것이로구나!"라는 깨달음이 오면서 장학사에 대한 두려움을 비로소 버릴 수 있게 되었다. 어쩌면 군사정권 시절부터 장학사나 장학관은 국가 권력의 대행자쯤으로 자처하며 교직사회를 지배해 온 게 아닐까.[5]

물론 요즘 우리 교육 상황에서는 일어날 수 없는 일이다. 장학사가 선생님 수업에 사전 협의나 동의 없이 참관하는 일, 수업에 관여하여 학생을 지목하는 행위, 학교 교직원에게 고압적인 태도를 보여주는 행동 등은 요즘에는 상상할 수도 없는 비교육적 행위라는 것을 누구나 잘 알고 있다. 그럼에도 여전히 장학사 하면 떠오르는, 학교나 교사를 관리·감독하는 듯한 경직된 이미지가 우리 교육에서 완전히 사라졌다고 주장할 수 있을지 확신이 서지를 않는다. 아직도 '자율장학'이라는 명칭을 사용하면서 학교에 컨설팅을 하려 하지만, 자율장학이라는 어색한 명칭 자체가 학교의 부담을 더 가중시키는 것일지 모른다.

이병만[6]에 의하면 '장학'이라는 용어는 1946년 1월 문교부에서 조직을 개편할 때 7국 21과로 조직을 개편하면서 장학을 전담할 인원으로 보통교육국 중등교육과와 초등교육과에 각각 장학사 1명을 배치하면서 생겨났다고 한다. 이 시기는 미군정기로 이후 우리 교육은 미국의 영향권에 놓이게 된다. 다른 기록에 의하면 해방 이후에도 시학관이라는 명칭을 쓰다가, 1948년 7월 17일 대한민국 제헌 국회에서 시학을 '장학'으로 명칭을 바꾸고, 직종과 직급도 장학사와 장학관, 교육연구사와 교육연구

---

5 조규익, 숭실대학교 인문대학 국어국문학과 교수의 개인 블로그 http://kicho.tistory.com/322 참조

6 이병만(2016), 장학이의 교육 이야기, 북랩

관으로 분리시켰다.

그 후 우리나라 교육전문직의 역사는 일제강점기의 시학관, 미군정기의 장학관을 거쳐 1953년에 교육공무원법 제정으로 처음으로 장학관, 장학사의 법적 기반이 마련되었다. 이후 1963년 교육전문직 자격증 제도가 폐지되고 공개경쟁 채용 방식으로 전환되면서 교육연구관 및 교육연구사 직제가 신설되었다. 1981년에는 교육전문직의 자격을 강화하는 차원에서 교육경력을 필수 요건으로 추가했으며, 박사학위 소지자도 장학관 임용을 가능케 하였다. 2012년에는 교육공무원법이 개정되어 시·도 교육청 교육전문직은 2013년부터 지방직으로 전환되어 현재에 이른다.

◆교육전문직의 주요 변천◆

시기	주요 내용
일제강점기	시학관 운영
미군정기	장학관으로 명칭 변경
1953년	교육공무원법 제정으로 장학관, 장학사의 법적 기반 마련
1963년	자격증 제도 폐지, 공개경쟁 채용 도입, 교육연구관과 교육연구사 제도 신설
1981년	교육 경력 필수 요건 강화, 박사학위 소지자도 장학관 임용 가능
2012년	교육전문직 지방직화

※출처 : 신현석 · 이경호(2016), 교육전문직 제도 운영의 쟁점과 과제

우리나라의 사회·정치적 지형 변화와 함께 민주화·자율화·개방

화·다양화의 시대적 변화에 따라 장학도 그 내용과 방법에 변화가 나타난다. 1998년 「초·중등교육법」 발효 직후 교육부는 장학의 개선 방안으로 협의나 대안 제시 등의 장학 능력을 높이고, 적발이나 문책 위주의 장학활동을 지양하는 방향으로 장학 방법을 개선토록 하였다.

2010년 「선진형 지역교육청 기능 및 조직 개편 방안」에 의해 교육청의 장학은 현장 지원 기능을 더욱 강화하는 방향으로 변화를 보이고, 교육청의 규제 감축 및 기능 재정립에 따라서 종래 하향식·감독 형식의 장학을 컨설팅 형식의 장학으로 전환하였다.

그렇다면 21세기의 장학사는 어떤 역할을 하게 될 것일까? 해답은 미래의 학교가 어떻게 변화할지와 깊은 상관이 있을 것이다. 4차 산업혁명으로 대표되는 미래 사회는 이전과는 다른 교육과 학교를 요구하고 있다. 학교라는 물리적으로 제한된 공간 안에 학생들을 모아 놓고 교사가 가르치는 방식은, 제한 없는 공간에서 다양한 콘텐츠로 모든 사람을 대상으로 한 평생학습의 개념으로 바뀌게 될 것이다.

최근 나타나고 있는 다양한 장학의 방식을 고려할 때 교사들이 주도적으로 장학을 해나가며, 장학사는 기능적인 도움을 주는 사이버 장학의 형태도 상상해 볼 수 있다. 교육자치의 심화로 앞으로는 학교 내 교원들이 스스로 장학하는 형태로 가고, 장학이라는 제도는 역사 속으로 사라질지 모른다. 지금까지 우리가 알고 있던 장학이 더 먼 미래에는 개념을 뛰어넘어, 장학사라는 개념이 쓸 필요가 없게 되거나 장학이 더 이상 필요하지 않은 시대가 펼쳐질 것이다.

장학사, 딜레마에 빠지다

장학사의 존재 이유는 학교교육을 도와주고 지원하는 데 있다. 그렇다면 우리 사회는 장학사를 어떻게 인식하고 있는가? 장학사가 존재하는 주된 목적을 달성하고 있을까?

관리 · 감독 vs 지원 · 컨설팅

장학사는 법령상 교육행정기관에 근무하는 교육공무원이다. 교육행정기관에 부여된 주요 역할은 하급 교육행정기관, 즉 현재의 교육지원청 또는 단위학교, 대학 등을 관리·감독하는 것으로 인식되어 왔다. 그러나 2010년 '학교자율화 정책' '지역교육청 개편 정책' '대학자율화 정책' 등 정책 변화에 따라 그동안 장학사의 주된 업무였던 '행정' 중심에서 지원을 강조하는 '컨설팅'으로 전환하고자 하였다.

이 같은 조치 또한 우리나라 교육행정 조직에서 지원 기능이 미약하다는 문제 인식에 따른 변화일 것이다. 그 시기를 기점으로 교육청에서 가장 많이 사용되는 말 중의 하나는 당연히 '지원'이다. 그런데 무엇을 지원할 것이며, 어떻게 지원할 것인지에 대한 구체적인 실천 내용과 방법에 대한 논의나 숙의 과정은 전무했다. 그렇게 행정 조직 개편 이후 약 7년의 시간이 경과한 지금 당초 조직 개편의 목적과 취지를 달성했는지, 지역 교육청의 명칭까지도 지역 교육지원청으로 바꾸어 가면서까지 '지원'을 강조하였으나 그 '지원'이 실효적인 성과를 거두었는지에 대해서는 많은 의문이 남아 있다.

실제로 지원 대상인 교사에게 물어보면, 역시나 규제 중심의 행정관리 업무에 에너지를 쏟고 있는 모습과 현장 업무 지원보다는 관료제적인 마인드로 일하는 교육전문직을 지적한다.

> "학교 현장에 관심을 쏟기보다 본인의 업무 중심적 사고 내지는 관료제적 마인드가 강한 것 같습니다."
>
> — 중등 L교사

> "'부정적 시선'은 교육전문직이 지원의 개념보다는 행정적 요구가 많았기 때문입니다."
>
> — 혁신학교 L교장

"한 문장으로 이야기하면 일선 학교에 대한 지도 · 감독 등 규제 중심의 행정업무에 치우침으로써 전문성을 의심하게 됩니다. 과거에는 더 많은 점수와 실적 중심으로 교육전문직을 선발했고, 지금도 일부는 같은 방식으로 교육전문직을 선발하고 있기에 이러한 나쁜 이미지(통제와 지시 중심)가 변화할 것이라 생각하지 않습니다."

— 중등 L교사

반면 긍정적 측면도 동시에 존재하는데, 그래도 과거에 비해 권위주의적인 모습이 많이 없어졌다고 보고, 지도 · 점검 마인드에서 지원의 마인드로 변화되었다고 교육전문직을 평가한다.

"최근 교육전문직이 변화하고 있음을 느꼈던 경우 중 하나는 전화 응대입니다. 상당히 친절해졌거든요. 그리고 나름 현장의 목소리를 반영하려고 노력하는 모습들이 보입니다."

— 중등 L교사

"저는 많이 좋아졌다고 봅니다. 예전에는 지도 · 점검이 기본적인 마인드였다면 요즘에는 지원의 개념으로 가고 있다고 생각해요."

— 지역교육청 C장학사

교육전문가 vs 일반행정가

오은경(2001)[7]에 따르면 장학사는 계선상의 역할보다는 직원(staff) 조직에 속하는 것으로 생각되는 직종으로 보고, 일반행정가라기보다는 전문가라고 주장한다. 행정가들은 주로 공식적인 권위를 바탕으로 법령 · 지침 · 규정 · 예산 등의 범위 속에서 과업을 수행하는 데 비해, 장학사가 수행하는 과업은 그러한 행정 행위와 더불어 가장 중요한 교육과정과 수업의 분야를 더 중시하고 있다. 특별히 장학에 강조를 둔 역할로, 교사들과 더불어 그들의 수업 개선에 우선적인 관심을 보이는 직종이 장학사라 할 수 있다.

그런데 우리나라의 학교 상황에서는 장학활동이 수업 개선을 우선적인 목적으로 두는 것이 아니라, 피상적인 학교 관찰로 위생 상태를 지적한다거나 문서 정리를 제대로 하고 있는지 검토한다. 교사들의 수업을 관찰하는 경우에도 단 몇 분간의 관찰로 강평을 한다.

이렇게 장학활동이 형식적인 통과의례처럼 되어 버린 이유라면, 교육계 인사들의 장학에 대한 인식 부족, 장학을 담당하는 인원의 부족, 장학사들의 자질 미달 등을 들 수 있다. 한마디로 장학의 전문성이 결여된 상태이다. 그러다 보니 정작 가장 주의 깊게 살펴보고 논의해야 할 수업에 관해서는 매우 형식적인 활동에 머물게 된다. 그저 한번 거쳐야 하는 통과의례처럼 되어 버린 공개수업과 수업 협의가 되어 가고 있는 것이다.

---

7 오은경(2001), 교육 행정의 기초, 이화여자대학교 출판문화원

보여주기 위한 준비, 보여주기 위해 마련된 수업 등 실체는 없고 형식만 남아 있는 모습이다. 이런 모습은 다음의 글에서 쉽게 읽을 수 있다.

> 전반기 장학지도를 앞두고(교사가 되고 나서야 그게 장학지도인 줄 알았다. 그 땐 그저 장학사가 오는 날 정도로만 여겼다) 온 학교는 몇 날 며칠을 교실과 특별실 청소에 매달렸다. 그것만 해도 충분한 스트레스였을 터인데 그녀가 반장으로 있는 6학년 4반은 장학지도 지정 수업반으로 선정되어 담임선생님의 신경은 날카로워질 대로 날카로워진 상태였다.
> 여느 때 같으면 난장판이었을 교실은 비장함마저 감돌았다. 그것은 장학지도의 날 극대화를 이루었다. 자영은 선생님 말씀에 따라 그날만큼은 평소보다 외모에 더 신경을 썼다. 수업은 2교시였다. 1교시에는 담임선생님과 여러 가지 약속을 정하고 사전 시뮬레이션을 간단하게 마친 후 율동과 노래 등을 배웠다. 마침내 종이 치는 순간 자영의 가슴은 콩닥거리며 뛰기 시작했다.[8]

우리나라에서는 행정의 역할을 규정하거나 기대를 밝혀 놓은 명확한 근거들이 부족하기 때문에 행정가들이 무슨 과업을, 어떠한 책임하에 수행해야 하는지 그 경계선이 불분명할 때가 많다. 특히 일반행정가가 아닌 특수전문가들, 즉 장학관이나 장학사조차도 일반행정에 속하는 일을 하고 인사행정 기능을 하느라 수업 개선의 업무는 소홀히 하기 쉽다.

---

8 정유하(2005). 감자의 사랑니. 청어람

실제로 교사들은 장학사들이 교실에서 수업 실연을 해봤으면 좋겠다는 이야기도 적지 않게 한다. 수업 비평이 아니라 실연을 통해 실력과 전문성을 입증해 보이라는 것이다. 심지어는 장학사는 수업을 하기 싫어서 현장을 떠난 것 아니냐는 불신이 있기 때문에 장학사가 수업을 말했을 때 그 권위를 크게 인정하지 않는 정서가 학교 현장에는 일정하게 깔려 있다.

못하는 이유가 하나 더 있다. 바로 장학의 강제적·일회적 성격 때문이다. 아무리 실력 있는 장학사가 와도 지시에 의해 강제적으로 하는 컨설팅을 학교에서는 반기지 않는다. 이는 컨설팅이라는 용어가 학교 현장에서 잘못 알려져서 더욱 그렇다. 오랜 기간 참여 관찰을 진행하고 체계적 분석을 통해 조언하는 것이 컨설팅의 기본이다. 일회적 수업 참관으로 컨설팅을 하면 학생과 학교에 대한 맥락 분석과 생태계에 대한 이해 부족으로 인하여 의미 있는 상호작용이 어렵다. 따라서 형식적인 장학에 그칠 가능성이 크다. 학교 현장에서는 "귀찮은데 장학사가 와서 쓸데없는 이야기만 하다가 가는구나." 정도로 받아들이기도 한다. 실제로 많은 장학사들이 수업장학에 어려움을 토로하고 있으며, 이러한 것을 할 만한 여력이나 시간도 없다고 생각한다.

장학사의 직무 구조가 명확하게 밝혀지고, 학교 지원과 컨설팅을 할 수 있는 제도적 여건과 능력을 배양할 기회가 장학사들에게 주어진다면 나아질 가능성이 있다. 애매하게 장학사에게 학교장학과 컨설팅을 하라고 하는 것은 학교 현장이나 장학사 모두를 불행하게 만드는 것이다.

이러한 모순은 장학사를 선발할 때부터 드러난다. 장학사의 실제 직무와 선발제도 간의 연관성에 대한 고려가 부족하다. 문건상에도 존재하지만, 장학사는 학교 현장의 수업장학을 하고, 학교의 제도·정책적인 면을 컨설팅하며, 교육제도와 정책을 만드는 등 교육의 전문성을 발휘해야 한다. 그러나 문건상의 역할과 실제 이들이 하는 역할은 발령(근무지) 상황과 여건 그리고 직무에 따라 상이하다. 이러한 측면에서 선발제도에 수업 영역을 넣는 것도 모순이라 볼 수 있다. 기존에 수업혁신을 해온 이들을 수업혁신 영역으로 선발하고, 정성평가인 포트폴리오로 평가한 뒤 교육지원청마다 컨설팅 전문 담당 장학사를 배치하는 것이 더 현실적일 수 있다. 아쉽게도 이는 교육지원청의 구조상 불가능에 가깝다. 인사와 제도, 조직이 결합되어 유기적으로 흘러야 하는데 선발에만 초점을 맞추고 있다 보니 분절적으로 작동한다.

지금과 같이 장학사 선발 시험에서 일회적인 수업 영상을 보고 문제점을 파악하라든지, 지도안을 쓰라는 등의 방식으로는 수업장학이 획기적으로 개선되기 어려워 보인다. 결국 장학사의 직무를 충분히 고려한 선발 방식이 필요하다. 이는 실제 장학사의 기능과 직무와 역할을 체계적으로 분석한 후에 가능할 것이다.

우선은 행정과 교육전문직 본연의 업무를 구분할 필요가 있다. 실제로 강원도교육청에서는 이와 관련한 시도를 하고 있다. 학교 지원과 컨설팅 업무를 하는 교육전문직에게는 행정을 최소화하는 시스템을 구축했다.

"강원도교육청에서는 학교혁신지원단을 구성했습니다. 그분은 장학행정 담당이라고 부릅니다. 수많은 업무에서 제외되고, 행정은 일반직이 감당해 줍니다. 학교 컨설팅과 지원을 하는 교육전문직은 행정업무를 안 합니다. 혁신지원 업무만 할 수 있도록 시스템을 만들었는데 쉽지는 않습니다. 충분히 작동하지는 않지만 의미 있는 시도라고 생각합니다. 앞으로 특별한 분야에 대해서 전문성을 가진 분들은 별도 쿼터로 뽑고, 교과 중심에서 영역 중심으로 선발해야 합니다. 임기제 공무원을 선발할 때 관련 실적을 보듯이 특정 분야에서 실적 있는 분을 뽑아야 합니다."

— 교육연구원 L연구위원

교육과정 · 수업 · 평가 · 생활지도 등의 영역에서 발군의 실력을 보이는 이들을 장학사로 발탁하고, 이들이 겪는 현장의 어려움을 도와줄 수 있는 시스템 구축이 필요하다.

승진 vs 소명

장학사 선발을 위한 평가의 경쟁률은 매우 높다. 보통 업무가 많고 고되다고 생각되는 직종은 그야말로 인기가 없는 게 당연한데 우리나라의 17개 시 · 도 교육청에서 실시하는 장학사 선발에는 많은 사람들이 응시하고 있다. 시 · 도 교육청 상황이나 여건에 따라 경쟁률은 차이가 있다. 우리나라에서 학교 수, 학생 수, 교원 수 등에서 가장 규모가 큰 경기도 교육청의 경우, 매년 실시되는 장학사 선발 전형에 평균 10대 1의 경쟁

률을 보이고 있다. 각종 업무와 여러 민원에 시달린다는 어려운 근무 조건에도 불구하고 장학사를 선호하는 사람들이 많다는 건 결국 장학사라는 직종이 가지고 있는 특별한 매력이 있음을 시사한다.

그 장점 중 하나는 '승진'일 것이다. 평교사가 교감이 되려면 대개 20년 이상이 걸린다. 기간만 지난다고 되는 것도 아니다. 교장의 평가가 절대적인 근무 성적을 잘 받아야 한다. 하지만 장학사가 되면 사정이 달라진다. 경기도교육청에서는 승진과 상관없이 3년 정도 장학사로 근무한 다음에 다시 교사로 돌아가는 임용 계열(track)을 별도로 선발하고 있는데, 지원자 수가 많지 않다. 장학사가 모두 승진만 바라보고 있지는 않다고 할지라도 보통 장학사 경력이 빠른 승진의 한 과정임을 부인하기는 어렵다.

"승진에 목매어 권위적이고 관행적인 상사의 눈치 보기에 급급한 상사, 업무수행능력이나 리더십, 인성은 전혀 갖추지 않으면서 줄을 대고 승진하는 상사, 업무에 대한 전체적 맥락을 파악하지 못하고 지엽적 문제에만 매달려 부하직원을 고달프게 하는 상사, 교감연수 대상자 지명을 받기 위해 애를 쓰지만 동료에게는 안하무인이고 제멋대로 업무를 조정하면서 상사에게만 잘 보이려 애쓰는 선임 장학사……. 이제 그만 이곳을 벗어나고 싶어요."

— 교육지원청 K장학사

"나는 교육전문직에 지원하는 이유를 다음과 같이 본다.

첫째, 승진 기회의 확대이다. 승진 기회의 확대는 2가지로 해석이 가능하다. 하나는 교사가 교감 승진 이외에 교육전문직으로 진출이 가능하다는 점이고, 다른 하나는 교육전문직에서 교감 · 교장으로의 진출이 타 교사 승진에 비하여 빠르다는 것이다. 즉 승진 기회가 보장된다는 것을 의미한다. 교육청별로 차이가 있지만 교육전문직으로 진입한 경우에는 일반 교사보다 최소 2~3년, 최대 4~5년 승진이 빠르다.

둘째, 사회적 지위 상승이다. 교육전문직은 일반 교사보다 상대적으로 높은 지위로 인식된다. 이는 교육전문직이 단위학교에 행사하는 영향력이 여전히 크다는 것과 통제와 감독보다 지원과 조언 중심의 역할이 아직도 자리 잡지 못하고 있음을 의미한다. 물론 공교육에 대한 소명감으로 열심히 일하고 있는 교육전문직도 있겠으나, 개인적으로 그 말을 믿지 않는다. 매우 혁신적이고 사회 참여적이었던 교사가 교육전문직이 될 수도 있고, 실적 지향적이었던 교사가 교육전문직이 된 경우도 있겠으나, 교육청에서 교육전문직이 시위를 하거나 공개 반대 토론을 해보았다는 이야기를 들어 본 적이 없다. 규제와 통제 중심의 교육행정이 지속되고 있는 것으로 보아서 지위 상승의 욕구가 없다고는 보기 힘들다."

— 중등 L교사

그러나 교사에서 장학사로 전직하는 경우 모두 승진만이 목표라고는 말하고 싶지 않다. 그렇게 단 하나의 목적을 갖고 장학사의 길로 접어들었다고 보기에 그들의 생활이 지나치게 고되다는 점 때문이다. 또한 오로지 승진만을 목표로 했다면 장학사들은 교감 자격증 등을 취득한 이후 승진할 기회가 왔을 때 서둘러 교감이든 교장이든 자리로 이동해야 함에도 그렇지 않고 주어진 책임을 다하고 있는 경우 또한 볼 수 있다.

D교사는 과거에는 승진의 통로로 보고 교육전문직에 참여하는 경향이 강했는지 몰라도 최근 들어서는 자신의 전문성과 철학을 가지고 현장에 도움을 주려는 동기로 참여하는 교육전문직이 나타나고 있다고 말한다. 과거에는 승진의 주요 수단이었고, 학교 내부 승진이 힘든 교사들이 단기간에 승진할 수 있는 통로여서 5년간 참고 견디는 외재적 동기가 강하였지만, 지금은 자신의 전문성과 교육에 대한 철학을 가지고 학교 현장에 도움을 줄 수 있는 정책을 만들어 보겠다는 분들도 있는 것 같다고 평가한다.

그렇다면 교육전문직의 삶을 살았던 이들의 생각은 어떠한가? 도장학관을 역임한 L교감은 애초에 교육전문직의 길을 생각하지 않았는데 교육청의 정치적 환경 변화에 따라서 들어오게 되었다고 말한다. 과거에는 교원단체 활동가로서 교육청과 대립하였으나 진보교육감의 등장에 따라 책임 있는 대안을 제시하고, 평소 꿈꾸던 교육을 실현할 수 있는 통로로서 교육전문직을 바라보게 된 것이다.

"대학에서 교육학을 전공했고, 학교의 문제점에 관심이 많아서 전교조에서 정책 담당을 오랫동안 했습니다. 주로 교육부와 교육청의 정책을 비판하는 입장이었는데, 김상곤 교수가 경기도교육감이 되면서 단순히 비판에 머물 것이 아니라 책임 있는 대안을 제시하고, 내가 지향했던 교육을 실현할 수 있다는 생각에서 장학사 시험에 응시했습니다."

마찬가지로 도장학관을 역임한 L교장 역시 혁신학교 교장의 경험을 바탕으로 정책을 기획하거나 추진하면서 구체적인 기여를 하고 싶다는 생각으로 교육청에 들어갔다고 말한다.

"당시 혁신학교가 추진되고 있었고, 혁신학교 혹은 혁신교육 관련 정책을 기획 · 추진할 수 있다는 점에서 경기도 혁신교육에 구체적인 기여를 하고 싶었습니다."

서울시교육청 함영기 장학관은 교과교육연구회에서 오랫동안 활동하였다. 그도 조희연 서울교육감의 당선에 따른 교육청의 지형 변화가 계기가 된 것으로 보인다. 그는 교육전문직을 하면 그동안의 학습공동체 활동을 통해 주장한 내용들을 현실화하는 데 도움이 될 것이라고 판단했다고 말한다.

"교사들의 자발적 전문성 신장이 중요하다고 생각하여 1997년에 교컴(http://eduict.org)을 창립했고, 교사들과 더불어 다양한 활동을 해왔습니다. 그러다가 2014년 조희연 서울교육감의 당선에 따라 인수위원회에서 전문위원으로 활동한 것이 계기가 되어 그해 8월 말에 서울혁신미래교육추진단 교원전문성신장 분과장을 맡게 되었습니다. 교컴 집행부와 의논을 거쳐 그동안 교컴 활동이나 저작 활동을 통해 주장한 내용들을 현실화하는 데 도움이 될 것이라 판단하고 공모에 참여했습니다. 이 과정을 통해 2015년 3월 1일자로 교육연구관으로 발탁됐고, 2년간의 교육연수원 근무를 거쳐 올해 3월 1일자로 본청 정책연구 장학관으로 자리를 옮겼습니다."

교육지원청에서 근무하는 C장학사는 다음과 같이 말한다.

"교육전문직으로 계신 분들이 교육청에 들어가서 교육을 바꾸는 것을 눈으로 확인했습니다. 그것을 보고 자극을 받았습니다. 현장에서 보니깐 제대로 된 장학사 한 명이 조금만 지원하면 학교나 교사들이 신나겠다는 생각을 했습니다. 그들이 원하는 것을 할 수 있도록 도와주자는 생각을 했습니다."

그는 교육전문직으로서 영향력 있게 살아가는 모델을 봤다고 말한다. 그들에 의해서 교육이 바뀌는 것을 옆에서 지켜봤다는 것이다. 그는 초등 교사로서 학교를 혁신하기 위해 몸부림쳤던 교사 중 하나였다.

분명한 것은 교육전문직의 참여 동기에 변화가 나타나고 있다는 사실이다. 실제 혁신적인 마인드를 지닌 교육전문직을 보면 기존 교육에 대해 비판의식 내지는 문제의식을 지녔던 것을 볼 수 있다. 그들의 활동 경력을 보면 교원단체 내지는 학교 밖 학습공동체, 교육시민운동을 하고 있었으며, 교육청의 환경 변화에 따라 일정한 공간이 만들어지면서 들어온 사례로 볼 수 있다.

또한 혁신적인 교육전문직은 나름의 실천을 이미 학교 안팎에서 하고 있었다는 사실을 확인할 수 있다. 교사로서 혁신의 스토리를 만들었던 이들이 교육전문직으로서 스토리를 만든 것이다.

우리는 장학사라는 존재가 승진을 위해 달려온 사람들이라고 단정 짓기보다는 그들이 존재하는 이유를 다시 생각하고, 그 존재의 이유에 맞는 역할을 수행하고 있는지 물어야 한다.

> "승진 때문에 교육전문직을 하는 시대는 지났다고 생각해요. 전문가로서의 자기 정체성과 지원가로서의 태도가 없으면 교육청은 바쁘고 힘들어서 5~7년간 소진됩니다. 교감으로 나가면서 편하게 쉬고 싶은 마음이 들거나 자칫 교사 위에 군림하려는 모습이 나타났는데, 이는 과거의 모습이라고 생각해요. 이제는 전문성과 지원가로서의 보람을 느끼고 우리나라 교육에 기여하겠다는 자세와 태도를 지녀야 한다고 생각합니다."
>
> — 교육연구원 L연구위원

'지원'에 대한 서로 다른 해석

최순실 사태로 학생 선수의 출결 문제, 대회 출전 등의 단어들이 언론에 오르내렸다. 아니나 다를까 뒤이어 도교육청에서 운동부 점검 요청이 있었고, 학교를 방문했다. 그런데 담당자는 나를 보자마자 큰소리로 불만을 터뜨린다.

> "교육청은 늘 학교를 지원한다고 말만 하지, 도대체 지원을 해주는 게 뭐가 있습니까? 지금도 보세요. 운동부를 정규 수업 다 시키면 어떻게 운영해요? 운동부

학생들도 학부모도 정규 수업 다하는 거 원하지 않아요. 대회에서 입상해야 실업팀이든 대학이든 갈 게 아닙니까. 이게 진짜 진로교육이죠. 그런데 교육청은 현장 중심이니 학생 중심이니 말만 하지, 학교 상황은 무시하고 규정만 들이대잖아요. 이게 지원입니까?"

교육지원청이 학교를 지원하는 역할을 제대로 수행하지 못한다는 지적이 많다. 얼마 전에 어느 선생님과 대화 도중에 교육지원청에서 어떤 지원을 해주었으면 좋겠냐고 물었더니 이런 대답이 돌아왔다.

"요즘 교육지원청은 학교를 지원한다는 명분으로 모든 일에서 소극적이라고 느껴지기도 해요."

혁신교육 같은 핵심 정책이 잘 안 되고 있는 학교에 대해서는 교육지원청이 지도·감독을 해서라도 어느 정도는 강하게 잡아 주고, 이 과정에서 학교가 필요한 예산이나 행정적인 문제는 말 그대로 지원을 해주었으면 한다는 것이다.

그런데 외부 기관인 교육지원청이 학교 내부의 문화 개선에 어떻게 영향을 미칠 수 있을까? 도교육청은 교육지원청에서 자주 학교를 방문해서 현장의 의견을 듣고 담임장학을 하라고 한다. 그리고 교육지원청에 대해서는 담임장학을 하는 장학사의 역량이 부족하니 전문적 학습공동체 등을 통해 역량을 강화하라고 주문했다. 학교 문화가 바뀌려면 그 안에 있는 교사들의 가치관이 먼저 바뀌어야 하는데 그게 어디 쉬운 일인가. 그래서 정책을 실행하는 교육지원청 장학사 입장에서는 현장의 어려움을 몰라 주는 도교육청이 섭섭하고, 변하려 하지 않는 요지부동의 학교가 답답하고 그렇다.

교사, 초짜 공무원이 되다

"어때, 장학사가 교사보다 더 나아?"

장학사가 된 이후로 주변 사람들로부터 가장 많이 받는 질문이다. 대부분 별 뜻 없이 안부를 묻는 것인데 이 질문을 받을 때마다 혼자 진지해진다.

나는 교사로서 나름 자부심이 있었다. 장학사도 교사의 연장선이라고 생각했다. 그런데 장학사가 되어 보니, 이건 뭐, 그냥 공무원이다. 그것도 나이 마흔 넘은 초짜 공무원.

교육지원청에서 처음 맡은 업무는 교사로서 한 번도 해본 적이 없는 학교폭력과 생활인권 업무였다. 게다가 팀원이 6명이나 되어서 내게 배정된 공문을 이해하고 처리하는 것만으로도 벅찬데, 주무관과 Wee센터 교사, 상담사들의 공문까지 결재하느라 하루 종일 자리에서 엉덩이 한번 떼기가 어려웠다. 잠시라도 방심하고 결재를 하면 과장님이 전화를 하시는데, 과장님은 기안자인 팀원을 두고 꼭 팀장인 나를 불러 이것저것 물었다.

"이건 왜 이렇게 처리하는 거지?"

"음, 잘 모르겠습니다."

"팀장이 이런 것도 확인 안 하고 그냥 결재만 하는 사람이야?"

"죄송합니다."

"아니, 매번 죄송하다고 하고 넘어갈 일이야?"

"다시 확인해 보겠습니다."

상황이 이렇다 보니 공문 하나를 허투루 넘길 수가 없었다.

예산 체계는 왜 그렇게 복잡한지. 성립전예산, 추경, 의회통과는 도대체 무슨 말인지. 성과지표가 뭔지도 모르는데 관련 문서를 검토해서 제출하라니. 어떤 때는 재배정이라고 하면서, 또 어떤 때는 교부라니. 에듀파인에 있는 210이니 620이니 이런 숫자들은 또 뭐란 말인가.

나는 총 7명의 사업 계획부터 예산 운용까지 거의 모든 일에 책임이 있는 팀장이었지만 실상 아는 것이 거의 없었다. 그런데 선배 장학사들은 장학사가 모르는 티를 내면 안 된다고 하니, 처음 몇 달 간은 답답하기 짝이 없었다. 차라리 공무원 시험에 갓 합격한 9급 서기보라면 마음이 편할까 싶기도 했다.

장학사에게 이런 일을 요구할 거면 장학사 선발 시험도 이런 능력을 측정해야 하는 것이 아닌가 하는 원망도 있었다. 학교 민주주의 활성화 방안이니, 혁신학교니 하는 문제들로 장학사를 선발해서 현실은 숙련된 공무원이 더 잘할 법한 일을 요구하다니. 그래서 장학사 생활이 어떠냐는 질문을 받을 때마다 교사에서 공무원으로 직업을 바꾼 것이라 비교하기 어렵다고 답하곤 하는데, 진담으로 말하지만 듣는 이에게는 농담으로 들렸을 것이다.

2부

장학사, 한번 도전해 볼까?

17개 시·도 교육청
장학사 선발의 모든 것

"교육전문직으로 입직하는 과정이나 동기를 볼 때 그들이 보신주의나 면피주의, 행정 편의주의에 빠지는 것은 당연하다고 보지만, 생각보다 공부가 부족하고 자신의 활동에 가치를 부여하는 데 서툰 것 같아요. 대부분의 교육전문직이 교감, 교장, 기관장으로 승진하는 것에 관심이 많습니다. 그러다 보니 사고의 중심이 인사에 가 있는 경우도 많지요. 이와 같은 사정으로 볼 때 교육전문직 선발 방식에 획기적 개선이 있어야 한다고 생각해요."

— 교육청 H장학관

1장

어떻게 선발하나?

선발제도의 특징

우리가 흔히 말하는 장학사의 정확한 법적 명칭은 '교육전문직원'이다. 교육전문직원은 장학관, 장학사, 교육연구사, 교육연구관, 교육장 등을 통틀어 부르는 명칭이다. 이에 대한 권한과 자격은 시·도 교육감에게 대부분 위임되어 있다. 교육전문직은 교원을 대상으로 하는 공개 전형으로 선발한다. 교육전문직원 선발에 있어 교육감에게 위임된 사안이 많아도, 결국은 교원 인사에 관한 내용이기 때문에 감사원, 교육부의 통제로부터 자유롭지 못하다.

관행적으로 현행 교육전문직에 대한 자격, 기준에 대한 모든 근거 조항은 '교감'과 균형을 이루고 있다. 2010년 이전까지는 교감과 교육전문직은 자유롭게 전직하였으나, 여러 부작용으로 인해 현재는 동일 직급에서 1회의 전직만 법적으로 허용된다. 법적으로는 볼 때 전직에 해당하나, 교원에게는 교육전문직이 승진의 개념으로 인식되고 있으며, 이에 따라 교육전문직이 되려면 기준 경력, 각종 가산점 등 모든 것이 치열한 경쟁을 거쳐야 얻을 수 있는 '스펙'이 필요하다.

2012년 이전에는 교육전문직의 정원을 교육부에서 시·도 교육청에 내려 보내는 구조였으나, 시·도 교육청의 요구에 따라 교육감 관할의 지방직 공무원으로 신분이 바뀌었다. 교육전문직으로 근무하다가 다시 국가직 공무원인 교감·교장으로 전직하므로 큰 의미는 없지만, 교육감이 모든 인사권을 위임받았다는 것은 상징적이고 매우 의미 있는 일이다.

아쉽게도 교육전문직의 정원을 획기적으로 늘리는 것은 교육청 조직 여건상 불가능하다. 공무원의 총액인건비제도[9]에 묶여 있어 일반행정직 정원을 줄이고 교육전문직을 늘려야 하는데 일반행정직의 반발이 만만치 않다. 교육전문직은 언젠가는 교감으로 나가게 되는데 교감 정원 역시 제한되어 있다. 무리하게 교육전문직을 증원할 경우 교감·교장 인사 적체로 이어져 현장의 반발이 커질 수도 있다. 이로 인해 현재 교육전문직의 규모가 거의 관행처럼 굳어졌는데 일반행정직과 교육전문직의 비율은 전국 시·도 교육청 모두 4대 1 정도이다.

교육전문직은 교감 장학사와 교사 장학사로 구분되며, 최근에는 교사

---

9 예산 당국은 각 행정기관별 인건비 예산의 총액만을 관리하고, 각 행정기관이 인건비 한도에서 인력의 규모와 종류를 결정하고, 기구의 설치 및 인건비 배분의 자율성을 보유하며, 그 결과에 책임을 지는 제도이다. 2007년 1월부터 전 중앙행정기관에서 실시하였다.

장학사의 비율이 매우 높다. 일부 시·도는 교감이 행정업무를 경험한 이들이라는 인식을 가지고 교감 장학사 정원을 별도로 선발하고 있다. 일단 장학사로 선발되면 교감(교장) 직급으로 가는 상위 자격증 취득의 길이 열리게 된다. 중간에 포기하는 일이 없으면 거의 대부분 승진한다.

교육전문직 선발제도는 크게 진보교육감[10] 이전과 이후로 구분할 수 있다. 진보교육감이 들어서면서 기존 가산점 중심 제도, 정량 중심의 선발제도에서 많이 탈바꿈되었다. 과거에는 교육전문직 선발 방식이 획일적이고 전국적으로 거의 비슷하였으나, 현재는 시·도 교육청마다 각기 다른 특징을 가지고 있다. 어느 특정 지역이 우수하다는 판단을 내리기 어려울 정도로 각 지역별 장단점이 있다. 이러한 장단점을 모아서 하나로 묶어 보면 재미있는 특징들을 발견할 수 있다.

이는 〈부록 2〉 교육부 및 시·도 교육청 교육전문직원 선발 계획 요약을 참고하면 좋다.

지원 자격

교육전문직의 법적 자격 기준은 다음 교육공무원법 제9조에서 확인할 수 있다.

10 무상급식 정책의 시행 여부로 언론에서 나눈 기준이다. 현재는 서울 · 경기 · 인천 · 강원을 포함 13개 시 · 도 교육청을 의미한다.

◆ **교육전문직원의 자격 기준**(제9조 관련, 개정 2011.9.30) ◆

직명 \ 기준	자격 기준
장학관 · 교육연구관	1. 대학 · 사범대학 · 교육대학 졸업자로서 7년 이상의 교육 경력이나 2년 이상의 교육 경력을 포함한 7년 이상의 교육행정 경력 또는 교육연구 경력이 있는 사람 2. 2년제 교육대학 또는 전문대학 졸업자로서 9년 이상의 교육 경력이나 2년 이상의 교육 경력을 포함한 9년 이상의 교육행정 경력 또는 교육연구 경력이 있는 사람 3. 행정고등고시 합격자로서 4년 이상의 교육 경력이나 교육행정 경력 또는 교육연구 경력이 있는 사람 4. 2년 이상의 장학사 · 교육연구사의 경력이 있는 사람 5. 11년 이상의 교육 경력이나 2년 이상의 교육 경력을 포함한 11년 이상의 교육연구 경력이 있는 사람 6. 박사학위를 소지한 사람
장학사 · 교육연구사	1. 대학 · 사범대학 · 교육대학 졸업자로서 5년 이상의 교육 경력이나 2년 이상의 교육 경력을 포함한 5년 이상의 교육행정 경력 또는 교육연구 경력이 있는 사람 2. 9년 이상의 교육 경력이나 2년 이상의 교육 경력을 포함한 9년 이상의 교육행정 경력 또는 교육연구 경력이 있는 사람

비고

1. 이 표의 "대학"은 한국방송통신대학 학사과정을, "전문대학"은 한국방송통신대학 전문대학과정과 종전의 초급대학, 실업고등전문학교 및 전문학교를 포함한다.
2. 특수지 근무를 위하여 장학관, 교육연구관 또는 장학사, 교육연구사를 임용할 때에는 교육 경력으로 교육행정 경력 또는 교육연구 경력을 갈음할 수 있다.

장학사는 발령 장소에 따라 '교육연구사'라고도 불린다. 시·도 교육청에서는 교육연구사를 별도로 뽑는 것이 아니라, 시험을 통과한 이들 중 근무지가 시·도 교육연구원(소)과 연수원 등인 경우에는 교육연구사라고 부른다. 교육부에서는 장학사가 아니라 교육연구사라는 명칭을 쓰는데, 교육공무원법에서는 교육 경력 5년과 1정교사 자격증만 요구한다. 앞서 말했다시피 시·도 교육청에서는 교감이 될 수 있는 사람에 준하는 경력을 요구하고 있지만, 교육부에서는 교육공무원법 수준의 사항을 적용하고 있다. 그래서 30대 중반의 교육연구사를 흔히 볼 수 있다. 그러나 시·도 교육청에서는 40대 중후반에 장학사로 입직하는 사례가 대부분이다.

17개 시·도 교육청의 교육전문직 자격 요건을 살펴보면 법정 기준은 위와 같지만 대개 교육 경력 12~15년을 요구하고 있다. 일반 승진 계열과 형평성을 맞춘다며 17년 이상을 요구하는 곳도 있다. 교감이 되기 위해서는 법적으로 교육 경력이 20년이 있어야 하는데, 이와 맥을 같이 하는 것이다. 교육 경력 최저기준에 도달하는 경우 한 번에 합격하기는 어려우며, 보통은 두세 번 이상 시험을 봐야 합격하는 경우가 많다. 장학사 근속연수가 시·도 교육청별로 차이가 있지만 5~7년 사이인 것을 감안하면, 교감으로 나가는 경력(20년)과 거의 비슷해진다.

교육 경력에 휴직 기간을 포함하는 것은 시·도 교육청마다 다르다. 군 복무 경력을 3년까지 넣어 주는 곳도 있고, 육아휴직만 제외하는 곳도 있다. 아예 휴직 경력을 전부 제외하는 곳도 있다. 1정교사를 선정할 때도 시·도 교육청마다 그 기준이 다른데, 비슷한 맥락이라고 볼 수 있다. 교육 경력 12년을 기준으로 하고 군 복무 경력과 육아휴직 경력을 제외한다면 그만큼 평균연령이 높아진다. 남교사는 대개 군대를 다녀왔고, 여교사는 미혼인 경우를 제외하고 대개 육아휴직을 선택하는 최근의 경향을 반영한다면 휴직 기간을 경력에서 제외하는 시·도에서는 합격자의 연령이 그만큼 높을 수밖에 없다.

일부 시·도 교육청에서는 부장 경험이 중요한 요소로 자리 잡고 있다. 과거에는 부장 경력 1년 이상을 필수적으로 넣었지만, 최근에는 점차 없애거나 약화시키는 추세이다. 부장은 학교에서 학년이나 부서를 총괄한 경험이므로 주로 행정업무를 하게 되는 교육전문직에게 필수라는 인식 때문에 도입된 것으로 보인다. 초등에서는 부장을 비교적 쉽게 할 수 있지만, 중등에서는 특정 교과와 특정 지역 선생님들은 쉽게 부장을 할 수가 없는 경우도 있다. 이 또한 휴직 기간 산입과 더불어 장학사 합격자의 평균연령을 높이는 부작용을 가져올 우려가 있다. 그러나 학교에서 최소한의 부장 경력이 없는 이들이 교육전문직 역할을 수행하는데 우려하는 시선도 적지 않다.

자격 요건으로 근무평정[11]을 보기도 한다. 아직까지 서울에서는 2년간 근무평정 '우' 이상을 요구하고 있다. 과거에는 대부분의 시·도 교육청에서 근무평정을 자격 요건에 넣었다. 근무평정은 인사권을 가진 교장·교감이 주는데, 좋은 의미에서는 일 잘하는 직원에 보상 기제로 작동한다는 긍정적인 요소도 있지만, 통제 기제로 작동하면 공정하지 않은 기준으로 근무평정을 낮게 평가해 일부러 시험을 볼 수 없게 만들 수도 있다는 부작용도 존재한다. 물론 이는 극단적인 사례라 할 수 있다.

2017년부터 근무평정은 성과금과 연동되고, 교사 동료 평가(다면 평가)

11 평정점은 수, 우, 미, 양이 각 30%, 40%, 20%, 10%로 분포되도록 한다. 근무평정은 보통 내신을 낸 교원, 부장이나 승진을 앞둔 사람들에게 점수를 몰아주는 경향이 있다.

의 비중이 40%로 상향되어 근무평정 '우'를 받기가 쉽지 않을 수 있다. 최근 들어 근무평정은 반영하지 않고, 동료 교사들에게 별도의 동료 평가를 통해 자질이나 평판을 살피기도 한다. 이는 현장에서 동료 교사들에게 인정받지 못하는 사람이 교육전문직이 되어서는 안 된다는 문제의식에서 비롯한다. 바람직한 변화라고 볼 수 있다.

선발 방식

시·도 교육청의 평가 방식은 모두 다르지만, 크게 1차와 2차 시험으로 나누어진다. 경우에 따라서는 3차 시험이 추가되기도 한다.

1차는 정책 기획과 논술 시험이 대부분이며, 2차는 1차 합격자를 대상으로 심층면접과 토의·토론을 한다. 3차는 온라인 학교 현장 평가나 현장 실사(실제 조사 방식은 유선전화나 방문) 방식이 있다. 배점은 조금씩 다르다. 사실상 당락을 결정하는 요소는 지필고사 성격의 1차 시험이다.

1차 시험 점수와 함께 각종 가산점을 합산하는 시·도 교육청도 상당수 존재하고, 일부는 가산점만으로 1차 합격자를 선발하기도 한다. 가산점은 매우 정량적인 내용으로 구성되며 상장(포상) 유·무, 연구대회 경험, 시·도 교육청 특색사업 참여 등이 포함된다. 과거에는 1차 시험에서 교육학과 전공 시험을 보는 교육청이 상당수 존재하였으나 현재는 거의 남아 있지 않다. 교육부에서도 관련 부작용을 우려하여 교육학이나 지필고사를 제외한 방식으로 시행하라고 요청한 바 있다.

1차 시험 합격자는 대부분 정원의 1.5~3배수까지로 구성된다. 일부에서는 5배수나 7배수로 합격자를 선발하기도 한다. 선발 방식에 있어 특징적인 것은 3진 아웃제[12]를 도입한 곳도 있고, 3~5회 이상 응시자에게 감점제를 적용하는 곳도 있다. 이는 현장에서 수업을 소홀히 하고 교육전문직 시험에 매달리는 일을 막아 보자는 취지에서 비롯하였다.

많은 시·도 교육청에서 특별전형(전문전형)이 늘어나고 있다. 경기도 교육청의 경우 전문전형이 가장 활성화되어 있다. 대부분의 시·도 교육청에서 전문전형 형태로 일정 수준 이상의 전문적인 능력을 가진 이들을 뽑기 위해 자격 기준을 강화하고 있다. 가령 정책·혁신·진로·외국어 등이 대표적이다.

교육부에서 2012년 이후부터 교육전문직이 된 이들은 5년 이상 의무복무하도록 규정하고 있어, 모든 시·도 교육청에서 의무복무제를 도입하고 있다. 의무복무 기간 이후에도 시·도 교육청 상황에 따라 근속연수가 다르다. 교육전문직의 실제 복무 기간은 시·도별로 다르지만 5~7년가량이 평균적이다. 교감 인사 적체가 심한 지역에서는 10년 가까이 근무하는 교육전문직도 흔히 볼 수 있다.

12 3번 시험에 탈락하면, 4번째 시험에 응시할 수 없도록 제한한다.

2장

문제는 없는가?

알파고 시대에 수기 시험이라니

교육전문직 선발제도는 지역마다 다른데, 수기 형식을 적용하는 교육청도 적지 않다. 실제 교육전문직의 업무 수행 과정에서 손으로 글을 쓰는 상황은 거의 없는데, 선발 과정에서 행정 편의주의가 작동하고, 보안 유지라는 이유로 이러한 방식을 적용하고 있다. 글을 많이 쓰는 직업인도 손으로 쓰지 않고 컴퓨터로 작업하는 시대이다. 생각하면서 바로 작성할 수 있기 때문에 손으로 쓰는 과정에서 놓치게 되는 정보의 유실을 막을 수 있다는 장점이 있다. 그러나 지금까지 시·도 교육청의 시험에서는 대부분 수기로 시험지를 작성해야 했다.

교육전문직 시험에 응시하고자 하는 이들은 제한된 시간 내에 정책 기획과 논술을 손으로 쓰는 연습을 별도로 해야 했다. 컴퓨터 키보드 입력에 익숙해져 있는 상황에서 일정한 시간 내에 손으로 써야 하는 시험은 쉽지 않은 과정이라 할 수 있다. 오히려 역량 발휘를 방해하는 시험 방식이다. 준비한 이들 중에는 손에 쥐가 난 경우도 많았다고 한다.

최근에는 이런 부작용을 막고자 1차 시험에서 정책 기획과 논술을 전산 평가(한글문서 작성, USB 제출)로 하는 곳이 차츰 늘어나고 있다. 대규모 교육청은 불가능할 것이라 생각하지만 의외로 단순하다. 실제 이 방식을 시도한 시·도 교육청에서는 무척 편리했고, 채점도 용이했다고 전해진다. 비용적인 면을 우려하는 목소리도 있는데, 노트북 대여가 아닌 특성화 고등학교와 같이 컴퓨터 사용이 용이한 곳을 빌려서 시험을 보면 비용 절감이 가능하다. 행정 편의주의 때문에 하지 않아도 되는 불필요한 노력까지 교사들의 몫으로 주어지고 있는 것이다. 선발 방식의 전환이 필요한 때이다.

누가 잘 외웠는지 줄 세워 볼까?

선발 방식을 1차는 암기 중심으로, 2차를 면접으로 만든 것은 한 번 걸러진 사람들로 인원을 제한하여 면접 평가를 하겠다는 뜻이다. 결국 비용과 시간을 줄이겠다는 의지일 것이다. 그러나 암기 위주의 시험은 전문성에 대한 평가와 상관이 적고, 정량평가 방식은 줄을 세우기 용이한 평가 그 이상의 효과가 없다는 한계가 존재한다.

시·도 교육청 교육전문직 선발 방식은 대부분이 1차 정책 기획과 논술, 2차 심층면접과 토의·토론으로 이루어진다. 교육전문직 시험을 준비하는 이들이 가장 힘들어 하는 것은 정책 기획과 논술에 대한 준비를 어떻게 해야 하는지 정보가 없다는 것이다. 때문에 정보가 없는 이들은 업무 포털에 있는 각종 공문을 모두 외우는 노력을 감수하기도 한다. 공문으로 시·도 교육청의 지침이 하달되기에, 정보를 얻을 기회가 없는 이들은 모든 공문을 외우는 길이 교육전문직을 준비하는 유일한 길이라고 생각한다. 공문뿐 아니라 시·도 교육청 정책 문건이나 각종 자료도 모두 외운다.

암기로 인한 고통이 지속되는 이러한 상황은 1차 시험에 통과해야만 2차 시험인 심층면접의 기회가 주어지기에 더욱 그렇다. 1차 시험 합격자가 정원의 1.5~3배수 사이이므로 그 안에 들어야 본인의 역량을 보여줄 기회가 생긴다. 그런데 많은 이들이 이 단계를 넘지 못하고 면접의 기회조차 얻지 못한다. 알파고[13] 시대, 창의적인 기획력을 요구하면서 형식적인 기획을 강요하는 아이러니한 상황을 만들고 있는 것이다.

1차 시험에서는 거의 정량적으로 기능 중심의 기획과 논술을 하고 있다. 보통 형식에 대한 채점 비중이 높고 후에 내용 채점을 하는데, 내용도 대부분의 답안이 크게 다르지 않다. 만능 답안을 외우면 1차 시험에 통과하는데, 이는 수험생의 잘못이라기보다는 대부분의 시·도 교육청이 교육전문직원 전형을 혁신하지 않아서 나타난 현상이다. 선배들이 붙었던 노하우가 전수되는 방식을 보면 정형화된 틀과 방식이 있기 때

13 구글의 딥마인드에서 만든 인공지능 컴퓨터.

문이다. 이를 교사 개인이 준비하기에는 어려움이 있어 학원을 다니거나 인터넷 강의를 듣는다. 또 교육전문직 시험을 이미 통과한 이들에게 개별적으로 도움을 요청하는 상황이 발생한다. 경쟁률이 높은 지역에서는 이러한 일들이 많다.

상황을 어렵게 만드는 이유 중 하나는 채점자가 해당 시·도 교육청의 장학사·장학관과 장학사 출신 교장·교감으로 이루어져 있기 때문이다. 채점 기준은 과거도 그랬지만 지금까지도 자신들이 시험에 합격했을 때와 크게 다르지 않다. 혁신적인 답안을 제시하면 오히려 형식에 맞지 않다고 떨어뜨릴 가능성이 농후하다.

학생을 먼저 생각하고 수업에 열성을 다하는 평범한 교사들은 수업 준비할 시간도 부족하다. 학교 현장의 훌륭한 교원을 선발하고 싶다면 별도의 인위적이고 형식적인 노력을 하게 만드는 선발제도부터 혁신해야 한다. 의문점은 교육전문직 시험이 과연 정량적인 요소로만 이루어져야 하는지에 대한 것이다. 17개 시·도 교육청 중에 정성적인 요소인 면접으로만 교육전문직을 선발하는 곳도 있다. 그러나 아쉽게도 그 전형은 교감전형에 한정되어 있다.

객관식 5지선다형 시험만이 옳은 것은 아니다. 우리는 오랫동안 시험은 정량적이어야 한다는 관점을 가져 왔지만, 최근 들어 평가관에도 서서히 변화를 보이고 있다. 이른바 과정 중심의 평가나 질 중심의 평가에 주목하고 있지 않은가? 이러한 평가 철학이 학생들에게만 적용되어서는 안 된다. 인사 영역에도 적용해야 한다.

물론 현행 방식으로 평가를 진행한 이유도 충분히 이해가 된다. 교육청은 공정하고 객관적으로 평가를 진행해야 한다는 부담을 지니고 있다. 그러나 조금만 더 생각해 보면 공정성과 객관성의 가치를 1차 지필고사 위주로 확인해야 할 이유가 없다. 무엇보다 놓치지 말아야 것은 어떤 교육전문직원을 원하느냐이고, 교육전문직원이 되려는 사람이 갖추어야 할 핵심 역량과 능력, 자세와 태도가 무엇인가에 대한 성찰과 반성이다.

교육전문직 시험도 마찬가지다. 교사의 삶, 정책가로서의 기획안 등 포트폴리오 심사를 도입하고 정성적 요소를 반영하면 객관성이나 공정성이 낮아진다고 믿는 이들이 있다. 하지만 선발 방식의 변화는 좋은 교사들이 교육전문직에 도전하게 만드는 계기가 된다. 정성적인 요소의 확대가, 우리가 흔히 떠올릴 수 있는 인사 비리로 이어지는 것은 아니다. 이런 논리라면 심사위원에 의한 면접 시험도 도입하면 안 된다. 인식의 전환이 필요한 시점이다.

일각에서는 1차와 2차를 바꿔서 시험 보는 것이 어떠냐는 의견도 있고, 정책 기획과 논술을 꼭 교육전문직 선발 전에 시험 봐야 하느냐고 말하는 이들도 있다. 좋은 자원을 뽑은 후에 연수를 하며 익혀도 충분하다는 논리인데, 나름 일리를 가지고 있다. 자질이 훌륭한 이들을 뽑을 것이냐, 바로 현장에 투입할 수 있는 사람을 뽑을 것이냐의 문제인데, 후자에 가까울수록 형식적인 시험이 되어 버리기 쉽기에 딜레마에 빠지게 된다.

현장 평가 제도의 한계

전문성과 훌륭한 인성을 갖춘 인재를 선발하겠다는 취지로 3차 평가(현장 평가) 요소를 도입한 곳이 많다. 3차 온라인 평가나 학교 현장 실사를 통해 인성에 문제가 있는 교원을 거른다는 취지로 도입된 제도이지만, 온정주의가 작동해 대부분 좋게 응답하는 경우가 발생하거나, 정말 인성에 문제가 있는 교원과 같이 근무하기 싫어서 합격점을 주어 학교 밖으로 내보내는 특이한 경우도 있다.

이를 보완하기 위해서는 3차에 집중하기보다는, 2차 심층면접과 토의·토론 시간을 획기적으로 늘리는 등 여러 검증 장치를 추가해야 한다. 암기 방식에서 탈피하여 현장에서 적용해 보지 않으면 쓰기 어려운 방식으로 출제해야 한다. 예컨대, 교육과정 재구성의 필요성과 의의를 적으라는 기획과 논술 방식에서 탈피하여 본인이 적용한 사례를 풀어내는 방식으로 전환한다면 합격자의 경향성에 일정한 차이가 나타날 수 있다.

바꿀 수 없을까?

시·도 교육청에서는 기존 선발제도가 최선이라는 생각을 버리고, 무엇이 최선인가를 끊임없이 질문하면서 답을 찾아야 한다. 교육전문직의 교육 경력을 12~15년으로 한 것은 승진의 관점에서 접근한 것인데, 교육전문직의 전문성을 고려한다면 승진보다 정책과 현장 지원의 관점에서 접근하는 것이 좋다. 때문에 중·장기적으로는 상위 자격증을 주는 형태에서 벗어나야 하고, 기획력이 좋은 젊은이들에게도 문호를 개방하는 것이 바람직하다.

한번 교육전문직이 되면 행정 계열로 교육청에 남는 방식도 검토해야 한다. 해외 사례를 보면 교수 계열과 장학 계열을 구분하여 그 경로를 분명히 한다. 반면 우리나라는 넘나드는 구조인데, 그 연결고리는 행정 용어로는 '전직'이지만 실제로는 '승진'이다. 현행 방식은 교육전문직 순환에 도움을 주고, 교육전문직도 현장 감각을 익혀야 한다는 점에서는 나름 장점도 있지만, 짧은 근무 기간 탓에 일을 배워서 교육전문직의 역할과 기능에 숙련될 즈음에 대부분 교감으로 전직을 하다 보니 교육전문직의 정체성과 위상이 흔들리는 상황이다.

단기적으로는 7~10년 의무복무제를 하는 것도 필요하다. 물론 풀어야 할 구조적인 문제가 몇 가지 있다. 관련 제도 정비가 필요하다. 교육전문직이 오래 근무하면 일반행정직의 입장에서는 반가울 수도 있지만 불편해질 수도 있다. 교육부나 교육청에서는 내부 규정에 의해 특정 자리를 장학관 또는 서기관으로 보임한다. 이는 교육전문직 또는 일반행정직으로 임명할 수 있음을 의미한다. 그러나 대부분의 교육전문직은 학교로 돌아가기 때문에 일반행정직과 자리 경쟁을 했다고 보기 어렵다. 그러나 교육전문직이 학교로 돌아가지 않는다면 이야기는 복잡해진다. 현행 제도와 문화로는 교육전문직이 교육청에서 오랫동안 근무하는 것이 간단하지는 않다.

교육전문직을 초·중등으로 구분하고, 중등을 또 과목으로 구분하는 것도 바꿔야 한다. 교육전문직은 어떤 업무가 주어지더라도 수행할 수 있어야 하므로, 선발 당시부터 과목 또는 초·중등 할당제 방식으로 선발하는 관행부터 바꾸어야 한다. 통합 방식의 일반전형, 그리고 전문성이 필요한 전문전형, 특정 비선호 지역에서 근무하는 지역형 계열 등의 방식이 적절하다.

무엇보다 1차 선발 대상자를 비약적으로 확대시켜야 한다. 일부 시·

도는 정원의 5~7배까지 대상자를 선발하기도 하는데, 가급적 시험보다는 대면 심층면접 방식으로 검증해야 한다는 관점이 필요하다. 최소 정원의 3배수 이상을 기준으로 한다면, 대부분의 시·도 교육청에서 1차 경쟁률은 2대 1 내외가 될 것이다. 여기서 한 발 더 나아가면 1차 시험을 점수화가 아니라 P/F제로 바꾸어서 2차만으로 합격자를 선발하는 방식이 적절하다. 최근의 기업 입사 시험이 서류전형보다 면접전형에 초점을 맞추고 있는 것도 참고할 필요가 있다. 비용과 노력이 더 들지는 몰라도 좋은 인재를 선발하는 데 초점을 둘 필요가 있다.

지금까지 2차는 그 비중이 높지 않았다. 1차 점수를 안고 가는 방식을 적용했으며, 2차 점수는 약간의 보정 장치에 불과했다. 그러나 앞에서 언급했듯이 직무 역량에 맞는 다양한 평가 방식을 적용한다면 2차 역시 획기적인 개선이 필요하다. 2차를 심층면접이나 토의 · 토론으로 한다면 평가 시간도 10~15분 내외가 아니라 적어도 30분~1시간가량은 되어야 한다. 교육전문직 한 사람이 현장에 미치는 여파를 생각해 본다면 1박 2일간 면접을 해도 충분하지 않다.

개인 심층면접을 30분 이상 진행한다면 그 사람의 실천 역량과 전문성, 의지를 어느 정도 파악할 수 있다. 토의·토론도 마찬가지다. 5~6명이 30분 토의·토론을 하게 된다고 하더라도 실제 발언 시간은 3~5분 내외가 된다. 자유주제를 가지고 1시간 이상 토의·토론하게 된다면 단순히 좋은 언변으로 토의·토론을 하기는 어렵다. 이 과정을 심사위원이 적절하게 통제하면서 진행하면 1시간 과정으로 충분한 토의·토론 능력을 볼 수 있을 것이다.

여기에 한 가지 더 획기적인 제안을 한다면, 프레젠테이션 시간을 가져 보게 할 필요도 있다. 장학사는 외부 행사가 많고 사람들 앞에서 발표해야 할 시간도 많은데, 학생들에게 얘기 잘하는 것과 차이가 있다. 프레젠테이션을 통해 발표 능력과 논리력을 점검해 볼 필요가 있다. 주제도 준비해 온 주제와 즉흥 주제 2가지를 주면 비교해 가면서 평가해 볼 수도 있을 것이다. 이처럼 정성적인 요소를 대폭 강화한다면, 기존의 형식적인 요소 중심의 교육전문직 선발 방식에서 완전히 벗어날 수 있을 것이다.

심사위원의 시각도 무척 중요한데, 심사위원을 선배 장학사들로 구성하는 관행에서 벗어나야 한다. 외부 인사, 학부모, 교사가 평가하는 체제가 오히려 건강한 구조가 될 수 있다. 현직 교장·교감·장학관·장학사의 심사 비율은 일정 비율로 제한해야 한다. 초등에서 중등을 평가하고, 중등에서 초등을 평가하는 크로스 체크 방식을 적용할 필요도 있다.

그 사람이 어떤 삶을 살았는가는 지원자의 소속 학교에서 가장 잘 안다. 몇몇 위원들이 지원자의 소속 학교에 가서 현장 실사를 하기도 하지만 온정주의 때문에 문제가 있다고 말하기 어렵다. 익명 방식이나 전수 방식 등의 설문 방식으로 동료 평가를 적용해야 한다. 일부 교육청에서는 P/F제를 넘어 동료 평가 점수를 전형 점수에 합산하기도 한다. 개인적으로 미안한 일이 될 수 있으나 수업을 소홀히 하고 교육전문직 시험에 매달리는 사람이 있다면 그런 사람은 교육전문직원이 될 자격이 없다. 동료 교사와 협업하지 않는 사람, 학교를 바꾸기 위해 애써 본 경험이 없는 사람은 교육전문직원이 되어서는 안 된다. 교실과 학교의 변화를 위해 몸부림치지 않는 이들, 학부모 · 학생 · 동료 교사에게 인정받지 못하는 이들이 교육전문직원이 되는 순간 교육전문직원은 그 권위를 상실한다.

마지막으로 전제되어야 할 것은 시 · 도 교육청의 인사가 독립되어야 한다는 것이다. 교육전문직 선발제도는 전적으로 시 · 도 교육감의 재량에 맡겨야 한다. 시 · 도 교육청이 원하는 인재상을 선발하는 것이 맞다. 지방직으로 이미 전환되었음에도 불구하고 교육부가 통제의 관점으로 접근하는 것은 교육자치의 이념과 맞지 않다. 단적인 예로 본래 평교사가 장학관으로 임용될 수 있었는데 교육부가 제도를 바꾸어 막아 버렸다. 특정 분야의 전문성을 갖춘 교사가 장학관으로 임용되는 것을 막을 이유는 충분하지 않다. 고유의 직무를 감당할 능력과 자질, 전문성을 갖추었는가가 핵심이다. 다행히 19대 문재인 대통령의 공약에는 초 · 중등 교육은 시 · 도 교육청으로 완전히 이관하는 것으로 제시되어 있어 기대해 볼 만하다고 생각한다.

지금까지 교육전문직 선발제도의 문제점과 그에 대한 시사점을 중심으로 살펴보았다. 그럼에도 여전히 아쉬움이 남는다. 지금까지 시 · 도 교육청에서는 교육전문직 선발에 주된 초점을 맞춰 왔던 것이 사실이다. 교육전문직을 선발하는 것은 마치 교 · 사대 예비교사를 임용고사를 거쳐 정규 교원으로 임용하는 것처럼, 교사 중에 교육전문직이 될 자질이 있는 이들을 선발하는 것에 불과하다. 그 이후에 좋은 교육전문직이 되기 위한 실제적인 교육을 시 · 도 교육청이 책임지고 담당해야 한다. 하지만 그런 모습은 거의 없다.

교육전문직 시험에 합격하면 연수를 받기는 하지만 단기간에 진행되기 때문에 직무 수행에 큰 도움을 주지 못하는 경향도 있다. 이는 교육전문직은 선발할 때부터 완벽한 사람이어야 한다는 뜻이다. 수업을 하던 교사가 어떻게 행정전문가인 교육전문직으로 갑자기 탈바꿈할 수 있겠는가? 불가능에 가깝다. 대부분 혼자서 고군분투하다가 교육전문직에 적응하는 것은 2~3년 후이다. 5년이 지나 이제 완전히 적응할 때 교감·교장으로 전직하게 되는 시스템이다.

앞서 지적했다시피 전문성을 갖춘 교육전문직이 나오기 위해서는 승진 계열이 아닌 특정 분야에 전문성을 갖추고 오랫동안 근무할 수 있는 방식을 고민해 봐야 한다. 특히 전문성과 현장성을 교육부와 교육청에 불어넣고, 일반행정직과 선의의 경쟁에서 밀리지 않기 위해서는 새로운 선발 방식을 모색해야 한다.

선발과 활용에 대한 고민보다 우선적으로 교육전문직이 무엇을 하는 사람인지에 대한 직무 분석과 역할 정의가 필요하다. 교육전문직은 교육전문가로서 기획하고, 정책을 만드는 사람이라고 생각되지만 현재 교육청의 상황을 보면 기획보다는 거의 행정 역할만 해왔다. 특히 교육부의 위임사무를 처리하는 행정직원의 역할에 가까웠다.

선발할 때는 수업 교육과정 중심으로 선발해 놓고서는 정작 하는 일은 행정직 공무원에 가까운 일을 해왔던 것이다. 정확하게 수요와 공급이 맞지 않는 미스매칭 시스템을 과거부터 지금까지 유지해 왔다. 그리고 근무 기간 수고했다는 의미의 보상으로 '교감 자격증'을 주는 시스템이었던 것이다. 이 방식은 교육부에서 기인했다고 본다. 교육부의 연구사는 7년을 근무하면 교감·교장 자격증을 가지고 현장으로 다시 복귀한다. 연구사마다 다르지만 어떤 연구사는 행정업무만 하다가 교장 자격증을 가지고 나오기도 한다. 이러한 것이 과연 무슨 의미가 있는지 돌이켜 볼 필요가 있다.

앞으로는 교육전문직의 직무 분석을 통해 교육전문직의 역할에 대해 정의를 내리고, 거기에 맞는 인재를 선발하고 활용하는 방안을 모색해야 한다. 단순히 선발에만 초점을 두는 것이 아니라, 교육청 인사 영역과 조직 영역을 연계할 필요성이 있다. 그리고 교육전문직으로서 제대로 된 역량 발휘를 위해 전문성 신장에 노력할 필요가 있다. 여유가 있어야 기획력이 생기고, 공부를 하게 된다. 행정업무만 반복하게 된다면 모든 이들이 똑같은 생각과 기능적인 사고만 하게 될 것이다. 개인적인 문제보다는 구조적인 문제의 개선이 필요하다.

마지막으로 시·도 교육청뿐 아니라 교육부의 연구사 기능도 재편되어야 한다. 분권과 자치의 시대를 맞이하여 앞으로 교육부가 시·도 교육청에 많은 권한을 내려보내 준다면, 굳이 교육부 연구사를 별도로 선발할 이유가 없을 것이다. 학교 현장의 경험이 적은 행정고시 합격자가 교육부에서 기획을 담당하는 구조와 그 하부에서 행정지원을 하는 교육연구사 제도는 개선될 필요가 있다.

교육부에서 저경력 연구사를 선발하는 이유는 사실 행정고시 시스템과 맞물린다. 교육부는 행정고시 출신 사무관과 서기관들이 많은 편이다. 행정고시에 합격하여 수습 기간을 거쳐 교육부에 사무관 발령을 받으면 20대 후반에서 30대 초반이다. 서기관 역시 30대 중후반이 많다. 그런데 경력 많은 교육연구사가 들어오면 사무관·서기관들과 협업하는데 어려움이 있을 수 있다. 교육청에서 제법 근무한 베테랑 장학사들이 교육부에 들어온 경우에 적응을 잘 못하는 이유도 여기에 있다.

교육부의 조직 개편 역사를 보면 교육전문직 축소의 길을 걸어왔다. 교육부는 크게 기획조정실, 고등교육정책실, 학교혁신지원실로 나누어진다. 교육전문직은 주로 학교혁신지원실에 배치되며 교육과정 관련 업무에만 국한되어 있다. 기획·예산·감사·조직 등의 업무에 교육전문직은 배치되어 있지 않거나 소수만 배치되어 있고, 그 역할도 매우 제한적이다. 이러한 시스템은 결과적으로 교육부가 현장과 괴리되었다는 비판으로 이어졌다. 교육부의 직무 분석을 바탕으로 교육전문직에 적합한 직무인지, 일반행정직에 적합한 직무인지를 살펴볼 필요가 있다.

교육부 규정상으로는 각종 과장 자리에 서기관 또는 장학관으로 보임할 수 있다고 밝혔지만, 교육전문직이 과장을 맡는 자리는 몇 자리 안 된다. 이러한 시스템을 깨려면 일반행정직과 교육전문직의 동등한 경쟁구조가 만들어져야 한다. 그러기 위해서는 교육청에서 정책과 업무 능력을 검증받은 이들이 교육부에서 일할 수 있는 시스템으로 개선할 필요가 있다. 대안적으로 시·도 교육청에서 역량을 검증받은 장학사가 교육부에 파견을 가거나 인사 교류를 할 수 있을 것이다. 동시에 특정 국과장 자리는 공모로 선발하여 역량 있는 인사들이 교육부에서 중심적인 역할을 할 수 있는 시스템도 적극 모색해야 한다. 교육부와 시·도 교육청이 상명하복의 구조가 아닌 서로 협력적인 구조가 되려면 자연스럽게 인사 교류를 늘려야 한다.

교육부와 시·도 교육청 모두 창의성과 현장성이 있는 이들로 채워지고 권위적인 요소는 내려놓아야 한다. 동시에 앞으로 교육전문직은 정책과 기획 전문가로 자리매김해야 한다.

4장

어떻게 바꾸어야 하는가?

제도는 조직 구성원들이 만들어 온 문화에 의해 영향을 받는다. 구성원들이 공유하는 문화가 공식적인 제도로 형성되기도 하고, 제도와 문화가 서로 영향을 주고받으며 변해 가기도 한다. 그래서 어떤 조직이 어떤 조직문화를 만드느냐는 그 조직의 구성원들이 어떤 생각과 인식을 가지고 있는지와 밀접한 관련이 있다.

교육전문직 중 중등 교사 출신 장학사가 초등 교사 출신보다 장학관으로 승진하는 경력 기간을 더 짧게 산정한 것은 그 대표적인 예로 볼 수 있다. 초기 우리나라 교사 양성 기간을 보면 초등 교사는 2년제 교육대학으로 본격적인 초등 교원을 양성하기 시작하였고, 중등 교사는 4년제 사범대학에서 양성되었는데 초등 교사보다 2년 더 소요된다는 것에서 이런 특징이 생겼다고 볼 수 있다.

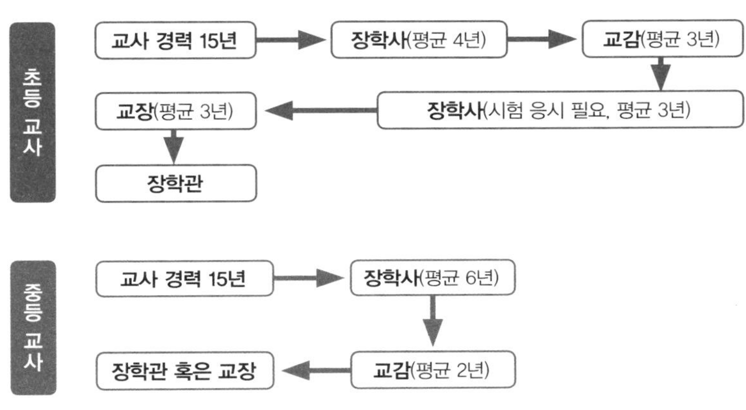

가르치는 행위를 업으로 삼는 교직의 역사는 인류의 역사와 시작이 같다 할 것이다. 인간이 스스로 체득한 생존에 필요한 지식을 후손에게 전달하기 위해 방법을 찾아야 했기 때문이다. 19세기 들어 사회가 발전함에 따라 후속 세대를 길러 내는 책임의 주체가 개인에서 국가로 이동하였다. 그 과정에서 학생의 학업 발달 저하, 가르치는 교사의 전문성 도모 등 학교교육을 운영하면서 발생하는 문제를 해결하기 위해 나라마다 장학사로 일컬어지는 교육전문직 제도를 만들었다. 하지만 나라마다 공교육 형성 배경이 다르기 때문에 교육전문직의 역할과 임용, 연수, 바라보는 관점 또한 나라마다 달랐다. 본 절에서는 초기 공교육 형성 과정을 기초로 나라마다 교육전문직의 공통점과 차이점을 비교해 보고자 한다.

가. 영국

지금과 같은 일반 대중을 위한 교육기관의 등장은 산업혁명의 시작과 밀접한 관련이 있다. 산업혁명 이전의 교육은 귀족과 부유층 자제들을 위한 개인 교습의 형태였다. 일반 가정의 자녀들은 교육의 수혜 대상이 아니었다. 하지만 산업혁명이 시작되고 공장의 일손을 남성들로만 채우기에 부족하자 여성 역시 공장으로 향하게 되었다. 초창기 아동 노동의 폐해로 인하여 아동 노동이 금지되었고, 이로 인하여 지역의 일반 가정에서 추렴하여 자녀들을 맡아 줄 사람을 고용하게 된다. 영국의 교직은 이런 배경에서 시작되었다. 영국의 학교교육은 지역의 학부모가 주도권(initiative)을 가지고 있었고, 귀족들은 대중 교육과 차별화된 엘리트 교육을 지향했다.

영국의 교육전문직 제도 역시 이런 2가지 특징을 가지고 있다. 영국의 교육전문직은 크게 칙임장학관(Her Majesty's Inspector, HMI)제와 지방교육청(Local Education Authorities, LEAs) 소속의 지방장학관제로 나눌 수 있다. 장학관 제도는 1833년 빈민가정 출신 학생에 대한 관리 · 감독을 목적으로 출발하였으며, 이후 가톨릭 학교가 늘어나면서 1847년 종교 교육기관에 대한 장학(inspection) 기능이 강화되었다. 1902년 교육법 제정 이후 장학의 대상이 공립학교로 확대되었으며, 1944년 교육법(Education Act) 제정 이후 교육표준청(Office for Standards in Education, OFSTED)이 설립됨에 따라 등록장학관(Registered Inspector)직이 신설되면서 현재의 3단계 형태의 교육전문직으로 구분되었다.

칙임장학관의 경우 경력 5년 이상의 교장들 중에서 선발하며,[14] 지방 장학관은 주로 교사 경력자 중에서 선발을 거쳐 임용되고 있다. 최근 문제가 되었던 것은 교육표준청의 등록장학관 중 교직 경험이 없는 사람이 임용되고 연말보고서(Yearly Report)의 질이 떨어짐에 따라 관련된 교장들이 면직되는 사건이 일어나기도 하였다.

또한 영국 내에서는 학교 관리자나 지방교육청에서 일할 수 있는 유능한 교육전문직을 선발하는 데 어려움이 있다는 평가이다.[15] 취약한 교사 노동시장의 질이 그 원인으로 손꼽히고 있다. 전반적으로 영국 안에서는 장학관이 모든 교사들에게 미치는 영향이 상당하기 때문에 장학관으로 전직하는 것을 선호하고, 이를 승진의 개념으로 보기도 한다.[16]

나. 프랑스

영국과 달리 유럽대륙의 국가들은 교육제도의 확립에 있어서 국가의 역할이 컸다. 주변 국가와의 치열한 영토 경쟁에서 국민들에게 국가의 정체성이나 국민의 공동체성을 정의하는 것이 중요 과제였기 때문이다. 이런 문화적 배경은 현재 프랑스가 국가 단위로 교육활동과 교육행정에 대한 장학이 강조되는 데 영향을 주었다.

프랑스의 교육전문직제는 중앙정부인 교육부에서 근무하는 국가교

---

14 OFSTED 홈페이지 채용 공고.

15 '교장 장학제도' 도입해 취약 학교 돕는다, 한국교육신문, 2006.12.13일자

16 김대유 칼럼 – 교원성과급 폐지론, 세종인뉴스, 2016.6.27일자

육 장학관(Inspecteur de l'Education Nationale)과 지방교육구의 장학관(IA-IPR)으로 구성된다. 경쟁 시험에 의해 선발되며 장학관으로 선발되면 고등교육 연구기관인 교육전문직 국가교육훈련원(Ecole Superieure de l'education nationale, ESSEN)에서 교육을 받는다.

국가교육 장학관은 교육정책의 이행과 이행 결과에 대한 평가, 교장과 학교 대표에게 조언, 전문가 집단에 작업 참여를 통해 전문지식을 제공하는 것으로 규정되어 있다. 초등 또는 중등 교육기관 공무원이면서 5년간의 교육 경력과 학위를 필수 지원 조건으로 하고 있다.

지방교육구 장학관의 경우 교실과 학교에서의 교육정책 이행 보장, 교사의 업무 평가·점검, 교장에게 조언 및 전문가 임무 수행을 역할로 규정하고 있다. 국가교육 장학관과 같이 5년의 교육 경력과 우리나라의 1정 교사 자격과 같이 '1등석 교사' 교육 및 훈련 수료를 필수 지원 조건으로 하고 있다.

지방교육구 장학관의 경우 선발 영역이 국가교육 장학관과 비교하여 교과별로 세분화되어 있다는 특징이 있는데, 이를 표로 정리하면 다음과 같다.

◆프랑스 지방교육구 장학관과 국가교육 장학관의 선발 영역 비교◆

	선발 영역
지방교육구 장학관	독일어, 영어, 스페인어, 경제, 음악, 역사 · 지리, 에세이, 수학, 철학, 생명 · 지구과학, 물리 · 화학, 기술 · 예술
국가교육 장학관	기술교육(경제), 기술교육(과학), 기술교육(응용예술), 일반교육(언어), 일반교육(수학 · 과학)

프랑스의 교육부는 우리나라와 가장 유사한 형태의 교육전문직 임용 제도를 가지고 있다. 교육전문직 선발에 있어서 현직 교원 중에서 선발한다는 점과 중앙부처와 지방교육구 교육전문직으로 구분된다는 점에서도 그렇다. 영국의 경우 교육표준청 등록장학관이 교원이 아닌 집단에서도 선발되는 것과 비교하면 질 관리에 있어서도 훨씬 엄격하다는 것을 알 수 있다.

프랑스의 교육전문직 제도에 있어서 가장 특징적인 것은 교육전문직 국가교육훈련원을 통해 1년 2개월 정도의 연수 과정을 거친다는 점이다. 매년 4월 합격자 발표 후 초기 3개월은 세미나 및 이론 위주의 연수이며, 10개월 동안 튜터 시스템으로 운영된다.

다. 미국

초창기 미국에서 학교 장학의 주체는 비전문가인 학부모와 지역위원으로 구성된 학교위원회였다. 영국으로부터의 독립은 미국인들로 하여금 '비(非) 영국적'인 것이 민주적인 것으로 받아들이는 계기가 되었고,[17] 앞서 말했듯이 영국의 엘리트 및 귀족 교육과는 다르게 모든 권한을 일반 시민들이 갖는 형태로 시작되었다.

미국의 사회학자 로티(Dan C. Lortie)의 저서 『미국과 한국의 교직사회 : 교직과 교사의 삶』을 보면 초창기 미국 공교육의 형태가 잘 드러난다.

---

17 Keith M. Macdonald(1995), The Sociology of the Professions

교회 목회자의 밑에서 출발하였던 교사는 다른 국가보다 종교와 신도(일반 시민)의 영향력에서 자유로울 수 없었다. 장학의 형태도 일반 시민에 의한 통제(layman control)의 형태로 시작되었다. 당시 장학은 전문적인 식견이 없었기 때문에 사전에 처방된 기준이나 종교적 가치를 준수하는지 여부에 있었다.[18]

미국 사회가 발전하고 경제가 성장할수록 성직자나 선출된 시민에 의해서 이루어지는 학교 장학이 감당할 수 있는 수준을 넘어섰고, 1837년부터 1888년 사이 30개의 시 · 도에서 최초의 교육감이 선출되었다. 1900년에 들어와서는 교육감을 보조하며 장학을 수행하는 직종이 빠르게 확산되었다. 학교 규모가 커지면서 교육감이 직접 장학을 실시하지 못하자 장학 업무를 위임받아 장학을 수행하는 업무가 세분화되기 시작하였다. 일반, 특수, 교장, 특수교과, 교육과정 수업, 주(州) 장학사 등이 그것이다.

교육전문직의 자격 기준은 주에 따라 차이가 있으나 대체적으로 3~5년의 교직 경력과 석사학위 그리고 교육행정가 자격증 소지 등을 요구하였다. 교육행정가 자격증 소지의 주체는 고등교육기관으로 권한이 많이 위임되었다.

미국의 교육전문직은 행정업무와의 분리를 통해 장학업무의 특수성을 돋보이게 하려는 시도가 많았다.[19] 그러기 위해 일반행정과 차별화된

---

18 신기현(2004). 미국학교의 행정가, 장학사, 교사의 전문직 프로젝트와 장학 패러다임의 변화 양상. 한국교육행정학회

19 신기현(2004). 위에 게재한 책

점을 강조할 필요가 있었다. 그때 사용한 전략이 과학적 관리론과 민주성의 원리를 도입한 것이다. 일반행정직이 행정명령을 통해 단위학교에 강요하는 것과 다르게 교육전문직은 교사들이 쉽게 받아들일 수 있도록 민주적 절차를 도입하였고, 수업 관찰을 통해 교사의 교수활동을 개선시키려고 하였다. 이후 교육전문직 단체는 교육과정 전문가 단체와의 결합을 통해 장학 및 교육과정 개발협의회를 만들었고, 이후 장학은 교육과정 개발과 동일한 분야로 인식되었다.

미국의 교육전문직 선발 방식은 앞서 말했듯이 주정부에 따라 조금씩 차이가 있으나, 대체적으로 교육행정 또는 관련 분야 석사학위 소지자가 3년 이상의 교육 관련 관리자 및 리더십 경험을 쌓으면 서류와 면접을 통해 선발된다.

미국의 교직사회에 있어서도 교육전문직으로서의 전직을 승진으로 보지 않으며, 서로 다른 계열로의 직무 이동으로 받아들인다.

라. 일본

일본의 교육전문직제는 중앙의 문부성 소속 전문직과 지방의 교육위원회 소속 전문직으로 나눌 수 있다. 중앙의 문부성 소속 교육전문직은 주임장학관·장학관·교과조정관으로 불리고, 지방의 교육위원회에서는 지도주사(指導主事)로 불린다.

역할은 초·중등 교육과정에 대한 조사와 지도·조언을 담당하는 것으로 규정되어 있다. 지방의 교육위원회 지도주사의 경우 시·도·현에 따라 조금씩 차이는 있으나 필기와 면접을 종합적으로 보는 방법으로 선발한다. 2001년부터는 젊고 행정 감각이 뛰어난 공직자를 선발하는 유형과 교육실천 능력을 검증받은 뛰어난 중견 교원을 선발하는 유형, 교직 경험이 없는 민간인을 임용하는 3가지 유형으로 구분하여 선발하고 있다.

우리나라와 유사하게 교육전문직에 임용되는 사람 대부분이 교원 출신이며, 교장으로 나아가기 전에 교감직을 거쳐야 한다는 사고가 보편적이기 때문에 지도주사가 교감으로 전직하여 경력을 쌓고 교장으로 승진하는 경우가 많다.

지금까지 우리보다 일찍 공교육 체제를 구축한 나라에서는 학생을 가르치는 직종과 가르치는 활동을 지원하는 직종(교육전문직)을 어떻게 구분·발전시켜 왔는지 살펴보았다. 선진국은 교육활동에 대한 더 나은 지원을 위한 고민을 먼저 시작했다. 각 국가의 사회·문화적 배경에 따라 해결책을 제도화하는 과정을 우리는 타산지석으로 삼아야 한다.

네 국가들의 교육전문직은 교원 중에서 충원하고 있으며, 엄격한 선발 과정 내지는 체계적인 양성 과정을 거치고 있다. 현장을 지원하는 장학의 중요성을 인식한 결과로 볼 수 있다. 일본을 제외한 세 국가에서는 장학 계열로 들어오면 이 계열에서 정년을 맞이한다. 이는 장학 계열이 갖는 고유의 직무성을 인정한 결과이다.

공교육의 형성 과정에서 산업혁명의 시작, 국민 정체성 확보, 외국으로부터의 독립 등 큰 사건에 의해 조금씩 차이점은 있으나, 공교육 제도를 확장시키는 과정에서 거의 모든 국가가 강조하는 것이 있다. 바로 공교육 개혁에 대한 필요성이다. 공교육의 개혁에 대한 방법은 백가쟁명(百家爭鳴)이지만 그 원인만큼은 천편일률(千篇一律)적이었다. 교수-학습 과정을 책임지는 교사자원의 역량이 국가나 국민 수준에 미치지 못한다고 보았기 때문이다. "학교 없는 교육개혁(David Tyack)"과 "학교를 바꾸는 힘(Andy Hargreaves)" 등에 대한 표현은 그런 백가쟁명의 대표적인 명명(命名)이었다.

공교육 분야에서의 인적자원에 초점을 맞추어 개혁의 방향을 제시한 필립 영(I. Phillip Young)도 그런 인물 중 하나이다. 1996년에 초판 인쇄되어 9번의 개정판이 나온『The Human Resource Function in Educational Administration』에서 교육전문직 개혁의 몇 가지 방향을 제시했다.

우리나라뿐만이 아니라 앞서 말한 네 국가에서도 교원에서 교육전문직으로 이동은 '전직'의 형태이며, '승진'과 구분된다. 필립 영은 이와 같은 인적자원의 이동에 있어서 고려해야 할 기준을 5가지로 제시하였다. 전직과 승진을 모두 포함하는 인사이동제도의 목표는 조직의 효율성(efficiency)과 효과성(effectiveness)을 강화하기 위함이다(I. Phillip Young, 2013). 이런 목표를 달성하기 위하여 제시한 5가지 지위 이동의 원리를 살펴보면 다음과 같다.

첫째, 지위 이동에 있어서 실적주의가 기본이 되어야 한다. 연공서열제가 우선시되는 것은 피해야 하며, 지위 이동에 있어서 연공서열제는 다른 모든 조건이 동일할 때 사용되어야 할 기준이다.

둘째, 전직과 승진은 개인의 성장을 돕는 방향으로 기획되어야 한다. 조직의 효율성과 효과성은 조직을 구성하는 개인의 능력과 불가분의 관계이기 때문이다. 유능한 개인의 조합은 효과적인 조직을 만드는 데 필요조건이다. 따라서 유능한 개인으로 성장시키고, 이에 적합한 자리로 전직 및 승진시키는 시스템이 조직을 위해 필요하다.

셋째, 조직을 발전시킬 수 있는 장점을 지닌 사람을 식별하는 전직 및 승진 준거가 필요하다. 준거는 다른 사람과 비교하는 상대적인 기준이 아니라 수행 능력과 사람의 능력을 척도와 비교하는 절대적 기준이다.

넷째, 전직 및 승진 준거는 최저 수행표준으로서의 역할을 한다. 따라서 최저 기준에 도달한 사람이라면 누구나 전직할 수 있어야 한다. 하지만 우리나라와 같이 전직이 승진의 또 다른 양태로 자리 잡은 현재의 상황에서는 현실적으로 이러한 원리가 적용되고 있다고 보기 어렵다. 이런 점에서 필립 영의 공교육에서의 지위 이동의 원리가 우리나라에서 실현되기에는 한계를 지니고 있다.

다섯째, 전직은 적재적소의 원칙이 바탕되어야 한다. 적합한 자리에 적합한 인사가 오는 인사 원리는 비단 수평적 이동인 전직이나 전근뿐만 아니라 수직적 이동인 승진에서도 마찬가지일 것이다. 따라서 적재적소의 원칙은 앞서 말한 4가지 원리보다 범위가 크며, 4가지 원리의 바탕이 되는 원리라고 할 수 있다.

◆ 필립 영이 제시한 지위 이동의 기준 ◆

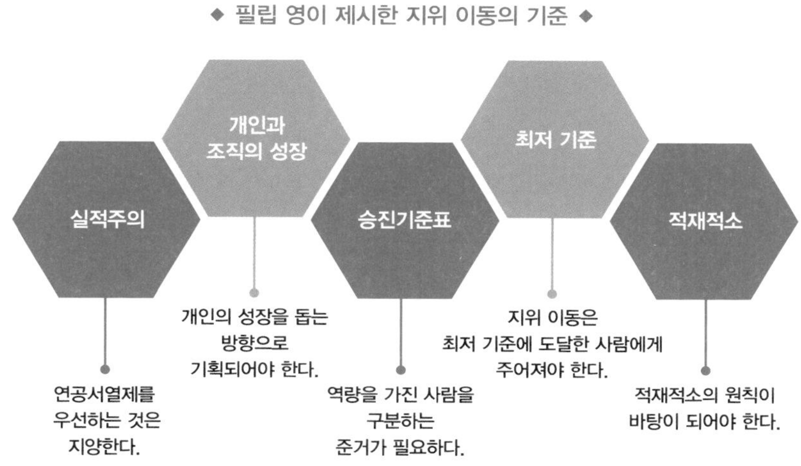

위의 교육전문직 지위 이동의 틀을 앞서 제시한 실적주의 우선 원칙, 개인과 조직의 동반 성장 원칙, 인사이동의 절대적 준거 원칙, 적재적소의 원칙의 렌즈를 통해 살펴보자.

첫째, 현행 전직제도로는 우수한 교육 인적자원의 잠재능력 발현의 욕구를 자극시키지 못한다.

이런 배경에는 연공서열제를 기반으로 하는 전직제도의 영향이 크다. 인간이면 누구나 자신의 능력을 발현시키고 싶어 하는 욕구가 있다. 하지만 2급 정교사에서 1급 정교사로의 이동이 3~5년이 소요되는 반면, 전직이나 일반교직 계열에서의 이동은 12~20년이나 걸린다. 이런 환경에서는 우수한 수준의 교육 인적자원 중에서 특히 인내심이 강한 소수만이 잠재능력을 개발할 수 있을 것이다.

둘째, 조직의 목표와 개인의 목표가 서로 조화를 이루는 원리가 작동하는 인사이동제도가 필요하다.

교육전문직으로의 전직과 교육전문직 안에서의 승진 모두 개인에게는 영광이고 직무에 새로운 활력을 넣는 기폭제가 될 수 있다. 조직에는 알맞은 인재가 알맞은 자리를 채우면서 조직의 효율성과 효과성을 향상시킨다. 하지만 현재의 전직제도는 너무 행정 중심주의이자 관리자주의 쪽으로 기울어져 있다. 물론 일반교직제도와 비교하여 교육전문직의 경우 직무에서 행정적인 업무가 많은 배경도 있지만, 행정업무의 과중과 정량평가는 공부하고 성장하는 교육전문직 고유의 문화와 풍토를 만들어 내지 못하였다.

개인적으로는 5년차 이상 10년차 이하 교사들에게도 개인의 목표를 불러일으킬 만한 전직 또는 갱신제도를 고려할 만하다. 최근 일부 시·도 교육청에서 지역의 여건에 맞는 전직제도를 신설하면서 일반적인 계열과는 달리 10년차 교사들에게도 그 문호를 개방하고 있다. 경기도교육청에서는 교육전문직 임용을 전문전형과 일반전형으로 나누어 실시하는데, 참조할 만한 사례이다.

셋째, 현행 전직 및 교육전문직 안에서의 승진제도에 있어서 역량 중심으로 구성된 중핵적인 절대적 준거기준이 미비하다.

준거기준이 너무 구체적이면 기준만 충족시키려는 '잣대만능주의'로 흐르게 될 수 있고, 너무 추상적이면 모호성이 커지고 정실인사(?)의 논란이 야기될 수 있다. 중핵적인 준거기준 설정에는 관련한 다수 관계자들의 합의가 바탕이 되어야 하며, 기준 설정에 시간이 오래 걸린다면 다면 평가 시스템도 고려될 수 있다. 다만 준거기준은 교직생애 전반에 걸쳐 순환적 계발의 원리가 투영되도록 해야 할 것이다. 그야말로 끊임없이 교직자원들이 스스로 능력을 계발할 수 있도록 동기를 부여하는 것이다.

현재의 전직제도는 앞서 말했듯(현재는 과거보다 많이 나아졌지만) 일단 입직하면 몇 년간 고생하다가 현장에 나갈 시기가 되면 '고생 끝, 행복 시작'이기에 정체되어 있는 인적자원으로 변하기 쉽다. 따라서 교육전문직의 선발 과정뿐만 아니라 전체적인 근무 과정에서도 그 능력을 검증받고 그 능력에 맞는 권한을 주어 창의력을 발휘하도록 해야 한다. 그런 과정을 통해 교육전문직이라는 용어에 적합한 인적자원으로 성장할 수 있을 것이다.

교육지원청 장학사는 멀티플레이어

소규모 교육지원청에서 일하는 나는 규모가 큰 교육지원청 장학사가 꽤 부럽다. 소규모 교육지원청에서는 장학사 수가 적어서 한 명당 담당 업무가 십여 개는 족히 되는데, 규모가 좀 되는 교육지원청에는 장학사 수가 많기 때문에 한 사람이 담당하는 업무의 수가 상대적으로 적다. 업무의 수가 적은 것이 업무량이 적다는 뜻은 아니지만, 내 기준에서는 몇 개의 업무에만 집중하면서 일을 하면 성취감을 더 느낄 수 있지 않을까 싶다.

최근에 U-20 축구대표팀 감독이 최종 엔트리 선수는 멀티플레이어로 선발할 것이라고 말한 인터뷰 기사를 읽었다. 그런데 과연 모든 포지션을 소화할 수 있는 멀티플레이어가 얼마나 될까? 멀티플레이어의 기질이 있어 보이는 선수지만 정작 자신은 가장 잘할 수 있는 포지션이 수비수라고 믿는 선수에게 팀을 위해 멀티플레이어로 계속 뛰라고 한다면 그 선수는 더 쉽게 지치지 않을까?

내 눈에는 소규모 교육지원청 장학사가 그렇다. 지난겨울 어느 하루를 되짚어 보면, 나는 교사 전보내신서를 검토하다가, 국민신문고에 접수된 운동부 민원을 처리하다가, 또 학교 평가 매뉴얼 검토 의견을 제출하라는 공문을 발송하고, 인문교양 교육 프로그램 운영과 선정협의회를 주관하고, 다시 자리로 돌아와서는 신규교사 직무연수 계획을 수립하고 있었다. 상황이 이렇다 보니 어떤 일을 앞에 두고 지침을 찾고 추진 계획을 고민하는 시간이 길어지면, 주변 사람들로부터 “그냥 해. 장학사가 생각하고 일할 시간이 어디 있어!”라는 말을 듣기도 한다.

그런데 하루 종일 이 일 저 일 뛰어다니지만 정작 나는 어느 분야에서도 전문가로 성장하고 있다는 확신이 들지 않는다. 누군가는 이렇게 다양한 업무를 해본 경험이 나중에는 다 도움이 될 것이라고 한다. 하지만 그렇게 먼 길을 돌아가야 할까. 장학사의 적성에 맞는 업무가 주어진다면 다들 더 잘 해낼 수 있지 않을까?

3부

장학사님,
어디에서 뭐하십니까?

장학사,
그들의 생태계

"공교육의 위기라는 말이 30년 넘게 지속되고 있습니다. 대한민국을 둘러싸고 있는 교육적 요구와 패러다임의 변화가 일어나고 있음에도 교육부 – 시·도 교육청 – 교육지원청으로 전달되는 행정 중심적 패러다임이 변화하지 않고 있습니다. 이 상황에서 가운데 낀 장학사가 할 수 있는 일이 별로 없다는 점에서 부정적 시선이 강한 것 같아요."

— L교감(도장학관 역임)

1장

교육행정기관을 살펴보자

장학사는 무슨 일을 할까? 학교 현장의 교사들은 장학사들이 너무 바빠 보이고, 무슨 일을 어떻게 지원할 수 있는지 몰라서 어렵고 도움이 필요할 때 제대로 도움을 받지 못한다고 말한다. 서로 얽혀 있는 교육행정을 알지 못한 채, 한 개인의 역할과 업무만으로 장학사 전체를 설명하는 것은 한계가 있다. 장학사의 역할과 업무를 이해하기 위해서는 교육행정의 생태계를 들여다보는 것이 필요하다. 그 시작은 교육행정기관이 되겠다.

교육행정기관, 쉽게 말하면 '교육청'이라고 부르는 곳이다. 여러 기관을 방문해 본 경험이 있는 사람들은 교육지원청과 같은 교육행정기관이 가장 불편하고 어렵다고 한다. 지역 주민들의 행정과 민원 업무를 수행하던 관공서를 기억하는가? '동사무소'의 기능을 주민 편의와 복지 중심으로 바꾼 것이 '주민센터'이다. 여기에서 더 나아가 요즘은 '행정복지센터'로 전환되고 있다. 명칭의 변화만큼이나 행정도 변화하여, 시청이나 주민센터 같은 관공서에 가면 직원들이 친절하고 업무도 편리하게 처리할 수 있도록 되어 있다.

하지만 교육청(교육지원청)은 아직도 과거 행정을 벗어나지 못한다는 지적이 있다. 해당 사무실을 찾는 것도 쉽지 않지만, 겨우 찾아간 사무실 문을 열면 돌아보는 사람 하나 없이 책상 칸막이 안에서 업무에 몰두하는 사람들뿐이다. 누구 하나 관심 가져 주는 이가 없어 민망해지고, 용기 내어 물어 보면 다른 사무실을 안내받기 일쑤이다. 교육행정기관의 조직과 업무를 이해하게 되면 불편함도 당연하게 받아들여야 하는 것일까? 친절하고 편리하게 이용할 수는 없을까?

우선 장학사, 즉 교육전문직이 속한 조직과 업무를 중심으로 교육행정기관을 살펴보자.

책임낙수, 철저한 하향식 위임 구조

교육행정기관 관련 법령들을 살펴보면 교육부 – 시·도 교육청 – 교육지원청에 이르는 하향식 위임 구조를 갖추고 있음을 알 수 있다. 위에서 아래로 책임과 업무를 내리고, 또 내린다. 그 끝은 결국 교육이 실제 이루어지고 있는 학교 현장이다.

지방 교육행정기관[20] 중 규모가 제일 큰 경기도교육청을 사례로 하여 어떻게 구성되어 있는지 살펴보자.

17개 시·도 교육청 중 하나인 경기도교육청은 본청에 4국 1실을, 13개의 직속기관을 두고 있다. 경기도는 31개 지방자치단체로 구성되어 있지만, 교육지원청은 25개로 5개 교육지원청이 2개 지역을 관할하고 있다. 광주·하남, 구리·남양주, 군포·의왕, 동두천·양주, 안양·과천, 화성·오산이 여기에 해당된다.

2016년 기준으로 유·초·중·고등 각급 학교는 4,603개이며, 여기에 근무하는 경기도교육청 소속 교원은 117,940명이다. 교원을 제외하고 총액인건비제로 운영되는 경기도교육감 소속 지방공무원은 12,420명이며, 이 중 장학관·장학사를 의미하는 특정직 공무원은 579명으로 장학사는 444명 분포하고 있다. 이쯤 오니 장학사의 존재와 비중을 가늠할 수 있을 것 같다. 현장 교원에서 전직하는 장학관·장학사는 교원의 0.5%에 해당되고, 경기도교육감 소속 지방공무원 수의 4.7%에 해당한다. 경기도교육청의 기관을 정리하면 다음 표와 같다.

---

20 〈지방교육행정기관의 행정기구와 정원 기준 등에 관한 규정〉[대통령령 제27668호, 2016.12.13., 일부 개정]
제1장 총칙
제2조(정의) 이 영에서 사용하는 용어의 뜻은 다음과 같다. [개정 2014.6.11., 2016.12.13.]
1. "지방교육행정기관"이란 특별시 · 광역시 · 특별자치시 · 도 및 특별자치도(이하 "시 · 도"라 한다)의 교육 · 학예에 관한 사무를 담당하기 위하여 설치된 행정기관으로서 그 관할권이 미치는 범위가 일정 지역에 한정되는 기관을 말한다.
2. "시 · 도 교육청"이란 교육감을 보조하는 기관 및 교육감 소속으로 설치된 기관을 말한다.
3. "본청"이란 시 · 도 교육청의 기관 중 직속기관 등을 제외하고 교육감을 직접 보조하는 기관을 말한다.
4. "교육지원청"이란 시 · 도의 교육 · 학예에 관한 사무를 분장하기 위하여 1개 또는 2개 이상의 시 · 군 · 자치구를 관할구역으로 하여 설치된 「지방교육자치에 관한 법률」(이하 "법"이라 한다) 제34조에 따른 하급 교육행정기관을 말한다.

◆경기도교육청의 기관◆

<table>
<tr><th>교육청</th><th colspan="4">경기도교육청</th></tr>
<tr><td rowspan="3">본청
(4국 1실)</td><td>교육감 보조 · 보좌기관</td><td colspan="3">대변인, 감사관, 안산교육회복지원단(한시), 마을교육공동체기획단</td></tr>
<tr><td>제1부교육감</td><td colspan="3">기획조정실, 교육1국, 행정국</td></tr>
<tr><td>제2부교육감</td><td colspan="3">교육2국, 안전지원국</td></tr>
<tr><td>직속기관
(13)</td><td colspan="2">경기도교육연수원
경기도율곡교육연수원
경기도과학교육원
경기도학생교육원
경기도외국어교육연수원
경기도평화교육연수원
경기평생교육학습관</td><td colspan="2">경기도립도서관
경기도교육복지종합센터
경기도학생체육관
경기도유아체험교육원
경기도농업계고등학교공동실습소
경기도공업계고등학교공동실습소</td></tr>
<tr><td>교육지원청
(국 단위 9, 과 단위 16)</td><td colspan="4">국 단위(2국 6과), 과 단위(2과)
※경기도 지방자치단체 31곳이나 교육지원청은 25개 분포
(2개 관할 : 광주 · 하남, 구리 · 남양주, 군포 · 의왕, 동두천 · 양주, 안양 · 과천, 화성 · 오산)</td></tr>
<tr><td>교육지원청
소속 기관</td><td colspan="4">학생 수영장, 교직원수덕원</td></tr>
<tr><td rowspan="6">각급 학교</td><td>구분</td><td>학교 수</td><td>구분</td><td>학교 수</td></tr>
<tr><td>총계</td><td>4,603</td><td>특수학교</td><td>34</td></tr>
<tr><td>유치원</td><td>2,234</td><td>고등공민학교</td><td>1</td></tr>
<tr><td>초등학교</td><td>1,227</td><td>각종학교</td><td>9</td></tr>
<tr><td>중학교</td><td>619</td><td>방송통신중학교</td><td>4</td></tr>
<tr><td>고등학교</td><td>470</td><td>방송통신고등학교</td><td>5</td></tr>
</table>

교육행정기관의 위임 구조와 관계를 더 들여다보자.

「지방교육자치에 관한 법률」 제19조[21]에서 '국가행정사무의 위임'을 규정하고 있다. '국가행정사무 중 시 · 도에 위임하여 시행하는 사무로서 교

21 제19조(국가행정사무의 위임) 국가행정사무 중 시 · 도에 위임하여 시행하는 사무로서 교육 · 학예에 관한 사무는 교육감에게 위임하여 행한다. 다만, 법령에 다른 규정이 있는 경우에는 그러하지 아니하다.

육·학예에 관한 한 사무는 교육감에게 위임하여 행한다'고 명시하고 있다. 이어 제34조[22]에서는 시·도의 교육·학예에 관한 사무를 분장하기 위하여 하급 교육행정기관으로서 교육지원청을 두도록 명시하고 있다. 제35조[23]를 보면 교육지원청이 시·도의 교육·학예에 관한 사무를 위임받아 분장하게 됨을 알 수 있다. 즉, 교육부가 국가행정사무 중 교육·학예에 관한 사무를 교육감에게 위임하고, 교육감은 다시 학교의 운영·관리에 관한 지도·감독 및 그 밖의 조례로 규정하는 사무를 교육장에게 위임하고 있는 것이다. 물론 학교장에게 위임하는 사항도 있다. 각 시·도 교육감 행정권한 위임에 관한 조례와 규칙으로 학교장에게 위임된 사항을 확인할 수 있다.[24]

교육장에게 위임된 학교 운영·관리에 대한 지도·감독에 따른 사무

---

22 제34조(하급 교육행정기관의 설치 등) ①시 · 도의 교육 · 학예에 관한 사무를 분장하기 위하여 1개 또는 2개 이상의 시 · 군 및 자치구를 관할구역으로 하는 하급 교육행정기관으로서 교육지원청을 둔다.

23 제35조(교육장의 분장 사무) 교육장은 시 · 도의 교육 · 학예에 관한 사무 중 다음 각 호의 사무를 위임받아 분장한다.
1. 공 · 사립의 유치원 · 초등학교 · 중학교 · 공민학교 · 고등공민학교 및 이에 준하는 각종 학교의 운영 · 관리에 관한 지도 · 감독
2. 그 밖에 조례로 정하는 사무

24 〈경기도교육감 행정권한 위임에 관한 조례〉 [경기도조례 제5442호, 2016.12.16., 일부 개정]
제7조(학교장에게 위임하는 사항) 교육감은 다음 각 호의 권한을 학교장에게 위임한다.
1. 소속 지방공무원의 정기승급과 호봉 재획정
2. 소속 지방공무원의 겸직 허가
3. 장학생 선발 추천과 장학금 지급
4. 교육실습생 배정 동의와 운영 지도
5. 학비 감면
6. 교육감이 지정하는 철거물의 처분(고등학교에 한함)
7. 취학의무 불이행자에 대한 과태료 부과와 징수에 관한 사항
8. 소속 공무원의 공무국외여행 허가에 관한 사항(교장 제외)

와 달리 학교장에게 위임된 사항은 초라하기 짝이 없다. 교육부가 시·도 교육청을, 시·도 교육청이 교육지원청을, 교육지원청이 학교를 관통하는 교육행정의 흐름에서 학교는 권한을 위임받아 자율적인 경영을 할 수 있는 곳이 아니라, 철저히 관리·지도·감독의 대상이라는 인식을 확인할 수 있다.

또한 이 흐름에서 조직을 구성할 때, 상부 구조에 존재하는 업무 담당에 대응하는 조직을 만들어 내고 있다. 정책 담당자들이 쏟아 내는 무수히 많은 정책과 사업들이 아래로 갈수록 좁아지는 일종의 깔때기 구조로 전해지고 있다. 시·도 교육청, 교육지원청, 학교의 업무 조직을 보면 확연히 드러난다. 〈부록 3〉의 교육행정기관 조직도를 보면 이해가 쉽다. 이와 같이 정형화된 정책과 사업 추진 방식을 기관별 하향식 위임 구조와 함께 정리하면 다음과 같다.

◆ 현행 정책 추진 및 평가 체제 모형 ◆

교육부 : 정책 및 사업 기획

공문 시행, 예산 배부 ⬇ 취합 제출 ⬆

시·도 교육청 : 정책 및 사업 계획 수립

공문 시행, 예산 배정 ⬇ 취합 제출 ⬆

지역 교육지원청 : 정책 시달

공문 이첩, 예산 재배정 ⬇ 우수사례, 보고서·정산서 제출 ⬆

단위학교 : 정책 및 사업 실행

철저한 하향식 조직 아래서 교육전문직은 교육부의 지침을 금과옥조로 여기고 따라가거나 성과와 지표로 활용한다. 이러한 흐름은 일개 장학사 · 장학관 한 명이 어찌할 수 없는 거대한 구조적 틀과 문화, 관성 등이 어우러진 결과로 보인다. 그러나 교육전문직이 중시해야 할 것은 '위'가 아니고 '아래'이며, '교육부'가 아니라 '학교'이다. 결국 현장을 어떻게 지원할 것인가가 일하는 방식의 핵심 기준이어야 한다.

"하나의 정책이 나올 때 관련 있는 사람들끼리 모여서 일하는 것보다는 교육부에서 나오는 정책을 무조건 따라야 한다는 전제를 갖고 일하는 분들이 계세요. 교육부를 상급 기관으로 보는 인식들이 있고, 그 틀 안에서만 새로운 것을 해야 하는 데 어려움이 있습니다. 혁신적으로 무언가를 바꾸고 시도할 때 '왜 불필요한 것을 하는가?' '위에서 내려온 일을 하는 것도 벅찬데…….'라는 시선들이 많습니다. 그렇게 살았던 분들은 성과와 숫자에 민감합니다. 투입과 산출 방식이 몸에 밴 분들과 일을 할 때에 힘들어집니다. 교육지원청이 도교육청을 지원하는 곳인지 학교를 지원하는 곳인지 가끔 고민할 때가 있습니다. 도교육청은 교육지원청을 지원해야 합니다. 선생님들이 아이들을 마음 놓고 가르칠 수 있도록 도와달라고 할 때 도와주어야 합니다. 도움을 요청하기 이전에 도움을 감지하고 선제적으로 지원하는 방식을 지금 사용하고 있습니다. 교사들로 하여금 피드백을 받아야 합니다. 교사들과 학부모들로 하여금 모니터링을 비공식으로 합니다. 불만의 소리가 들리면 변경하면서 일을 해야 합니다."

— 교육지원청 C장학사

정책과 사업의 대상, 학교는 왜 힘든가?

앞서 교육부－시·도 교육청－교육지원청－학교에 이르는 하향식 구조를 살펴보았다. 교육행정의 흐름은 결국 학교에 이르게 되어, 학교는 위임에 위임을 거듭한 정책과 사업, 각종 사무를 수행하게 된다. 단위학교 자율·책임경영, 학교 자율화 등 정책적으로 학교 자율권이 확대되고 있다고 하지만, 실제 학교 현장에서 이를 실감하지 못하는 것은 바로 이 근본적인 구조 때문이라 할 수 있다.

예를 들어 학교 교육과정 편성·운영의 흐름을 보면, 국가 수준의 교육과정이 개정되면 이에 따라 각 지역 여건에 맞게 시·도 교육청 교육과정 편성·운영 지침이 고시되고, 이 지침에 따라 학교는 교육과정을 편성·운영하게 된다. 교육과정 위원회 역시 국가 수준, 시·도 수준, 교육지원청 수준, 학교 수준으로 각각 구성하여 운영한다. 학교 교육과정 자율화를 위해 '교육과정 대강화'를 주장해 왔지만, 이러한 과정을 거치면서 학교에 실질적인 자율이 있는지 의구심이 든다.

기관의 권한이나 사무가 위임된다고 하지만, 실질적으로 학교에는 권한이 위임된다기보다는 책임만 위임되는 구조를 지녔다고 해도 과언이 아니다. 권한과 사무에 책임이 따르는 것은 당연한 일이다. 하지만 몇 안 되는 권한을 주고 숱한 책임이 아래로만 향한다는 것은 문제이다. 학교는 수많은 정책과 사업·사무 속에서 모든 책임이 귀결된다. 학교는 부담스러워하고 책임을 나누고 싶지만 현실은 냉혹하다.

교육청(교육지원청)은 '지원'이라는 미명하에 명확하고 민원이나 문제가 발생하지 않는 것에만 철저한 관리·감독과 장학을 펼친다. 특색 있는 교육과정을 운영하고 창의적인 수업을 하도록 강조하며 각종 장학을 실시한다.

하지만 정작 학교가 대처하기 힘들고 판단이 애매한 것은 '학교 자율'이라는 답변을 내놓는 경우가 다반사여서 책임을 떠넘긴다는 비판의 소리가 있는 건 당연한 현상이라 할 수 있겠다. 지침으로 판단이 명확하지 않거나 학교가 곤란을 겪게 되어 해결하기 힘들어하는 문제를 교육지원청에 질의하면 "그건 학교장 결정사항입니다."라는 식의 답변을 듣게 된다.

교육지원청은 어떨까? 교육지원청 역시 난감하기는 마찬가지다. 정책이나 사업을 추진할 때 시·도 교육청은 교육지원청에 각종 행정업무와 컨설팅 등을 실시하고 이에 따른 성과와 실적을 제출하도록 요구한다. 하지만 학교에 사안이 발생하여 도움을 요청하면 시·도 교육청은 교육지원청에 사안을 조사하여 보고케 하고는 책임 소재를 따지기 바쁘다. 애매하거나 어려운 문제를 질의하면 교육지원청에서 판단하라는 식이고, 이것도 답답해서 교육부에 질의하면 교육부는 시·도 교육감에게 위임한 사항이라고 한다. 이와 같이 권한과 책임의 측면에서, 법령에서 제시한 구조가 교육 현장에서 작동하는 이중성이 우리 교육을 힘들게 하는 것이다.

고질적인 관행, 누구의 잘못인가?

교육청 조직 구조에서 업무는 어떤 방식으로 전개되는지 구체적으로 들여다보자.

교육부에서 기획하고 시 · 도 교육청에 전달한 각종 정책과 사업, 예산 등은 시 · 도 교육청이 교육지원청으로, 교육지원청은 학교로 전달한다. 여기에는 정형화된 업무 방식이 존재하며, 학교 현장의 입장에서 다음 3가지로 유형화할 수 있다.

① 계획서 수립 → 위원회(또는 협의체) 구성 → 교사 · 학부모 연수 → 교육과정 반영(학생 교육) → 실적 및 우수사례 제출 → 유공 학교 및 담당 교원 표창
② 학교 공모 계획서 및 신청서 제출 → 심사 및 선정 → 예산 교부 → 보고서 · 정산서 제출 → 보고서 활용 장학자료 개발
③ 학교 자체 계획 수립 → 분기별 · 월별 자체 점검표 작성 및 확인

첫째, 교육과정에 반영하고 연수를 실시하도록 요구하는 방식이다.

먼저, 계획서를 수립하도록 요구한다. 계획서를 수립하고 이행하기 위해서는 학교단위 위원회나 협의체를 구성하여 운영하며, 해당 내용을 학생 · 학부모 · 교사를 대상으로 연수하도록 한다. 학생들을 대상으로 하는 연수에서 그치는 경우도 있으나, 대개 교육과정에 반영하도록 의무화하여 연간 몇 시간 운영하도록 하는 경우가 대부분이다. 연말에는 활동을 마무리하면서 학교의 실적과 우수사례를 제출하도록 하고, 심사를 거쳐 우수 학교와 유공 교원을 표창한다.

이러한 업무 방식으로 학교에는 각종 위원회나 협의체가 40여 개에 이

르고, 교원이 10여 명인 작은 학교에서는 한 명의 교사가 속해 있는 위원회가 30개가 넘는다는 우스갯소리가 있다. 교사와 학부모 대상 연수 시간 확보가 어려워 교직원 회의와 학부모 회의는 의무화된 연수 시간으로 채워져도 부족하다. 학교폭력예방교육, 성교육 등 각종 법령을 근거로 요구하는 교육과정 반영 시수는 학교가 편성할 수 있는 창의적 체험활동 시수를 초과한다.

다음은 학교 교육과정에 반영하도록 한 교육시수에 대한 사항을 정리한 것이다. 「2017 경기교육주요업무계획」 중 '2017 학교 교육과정에 반영해야 할 시수(필수)'의 내용 일부를 발췌한 것인데, 이와 별도로 학교 교육과정 시수에 반영하지 않더라도 학교 자체적으로 계획을 세우고 교육의 주체별로 연수를 실시하도록 하는 사항도 적지 않다.

예를 들어 2014년 9월 12일 적용된 '공교육 정상화 촉진 및 선행교육 규제를 위한 특별법'[25]으로 학교는 선행학습 예방을 위한 계획을 수립해야 하고, 학교단위 교육과정 편성·운영 점검기구를 구성하고, 학생·학부모·교사를 대상으로 연수를 실시해야 한다.

---

25 공교육 정상화 촉진 및 선행교육 규제에 관한 특별법[법률 제14392호, 2016.12.20., 일부 개정]
제5조(학교의 장의 책무)
① 학교의 장은 학생이 편성된 교육과정에 따른 교과용 도서의 내용을 충실히 익힐 수 있도록 하여야 한다.
② 학교의 장은 해당 학교에서 선행교육을 실시하지 아니하도록 지도 · 감독하여야 한다.
③ 학교의 장은 학부모 · 학생 · 교원에게 선행교육 및 선행학습을 예방하기 위한 교육을 정기적으로 실시하여야 한다.
④ 학교의 장은 제3항의 내용을 포함한 선행교육 및 선행학습 예방에 관한 계획을 수립 · 시행하여야 한다.

◆학교 교육과정에 반영해야 할 교육시수(2017 경기교육주요업무계획 발췌)◆

순	영역	근거	확보 시수	관련 교과 영역(예시)
1	안전교육	• 학교안전사고 예방 및 보상에 관한 법률 제8조 • 재난 및 안전관리 기본법 제23조에 따른 국가안전관리 집행 계획 • 7대 안전교육 표준안(생활 안전, 교통 안전, 폭력 · 신변 안전, 약물 · 인터넷 중독, 재난 안전, 직업 안전, 응급처치)	유 · 초 · 중 · 고 · 특수 연간 51차시	• 7대 영역별 관련 교과 또는 교과 교육과정 재구성 반영 • 1 · 2학기 각각 7대 영역 모두 반영, 연간 51차시 이상 확보(참고 : 교육부고시 2016-90) • 창의적 체험활동, 범교과 등 학교 교육계획에 의거 반영 ※초등 1~2학년은 '안전한 생활' 64시간으로 안전교육 이수 시간 대체 가능
2	영양 · 식생활 교육	• 식생활교육지원법 제26조 • 어린이식생활관리특별법 • 학교급식법	연간 2시간 이상	• 보건 : 건강의 기본개념과 영양 요인 영역 • 도덕 : 도덕의 의미, 삶의 목적과 도덕, 삶의 소중함과 도덕 영역 • 과학 : 유전과 진화 영역 • 체육 : 건강과 환경 영역 • 사회 : 개인과 사회생활 영역 등
3	독서 교육/ 정보이용 교육/ 인문교양 교육	• 학교도서관진흥법 • 학교도서관진흥법 시행령 • 제2차 학교도서관 진흥기본계획 (2015~2018) • 경기도교육과정 (2016) • 경기도교육청 인문학조례	수시 반영	• 국어 : 읽기 단원, 정보의 선정과 내용 조직 영역 • 도덕 : 대화와 갈등 해결, 감정의 조절과 표현, 사이버 윤리와 예절 영역 • 정보 : 정보의 윤리적 활용, 정보의 표현과 관리 • 실과 : 인터넷 예절 • 영어 : 문자언어 활동 영역 등
4	인터넷 중독 예방교육	• 국가정보화기본법 시행령 제30조의 7(인터넷 중독 관련 교육의 실시)	연간 1회 이상 ※7대 안전교육 표준안과 연계 가능	• 도덕 : 인터넷 예절, 정보사회에서의 올바른 생활 영역 • 사회 : 정보화, 세계화 속의 우리 영역 • 기술가정(실과) : 생활과 정보, 문제해결과 방법 • 국어 : 쓰기의 윤리 영역 • 체육 : 사회와 여가 영역 등

순	영역	근거	확보 시수	관련 교과 영역(예시)
5	학교폭력 예방교육	• 학교폭력예방 및 대책에 관한 법률	학기당 2시간 이상(연간 4시간 이상) ※7대 안전교육 표준안과 연계 가능	• 연계 교과 초등 : 국어, 사회(슬생), 도덕(바생),체육 등 중등 : 국어, 사회, 도덕, 기술가정, 교양 등 • 연계되는 단원 : 학교폭력(언어, 신체, 사이버, 따돌림 등) 관련 단원 • 창체와 연계 지도 방법 : 학교폭력 표준예방 프로그램(어울림 프로그램) 참조 –학교폭력예방누리집 도란도란사이트 자료실 (http://www.dorandoran.go.kr/)
6	아동학대 예방교육	• 아동복지법 제26조, 31조 • 시행령 제28조 1항	연간 8시간 이상(6개월에 1회 이상) ※7대 안전교육 표준안과 연계 가능	• 연계 교과 초등 : 국어, 사회(슬생), 도덕(바생), 체육, 창체 등 중등 : 국어, 사회, 도덕, 실업가정, 교양, 창체 등 • 연계되는 단원 : 아동학대 예방 관련 단원 • 창체와 연계 지도 방법 ※아동보호전문기관(http://korea1391.org/정보실–교육자료 참조 ※아동학대 위기사항에 대응할 능력을 향상시킬 수 있는 능력 포함 지도
7	가정폭력 예방교육	• 가정폭력 및 피해자 보호 등에 관한 법률 시행령 1조의 2항	연간 1시간 이상 ※7대 안전교육 표준안과 연계 가능	• 연계 교과 초등 : 국어, 사회(슬생), 도덕(바생), 체육, 창체 등 중등 : 국어, 사회, 도덕, 실업가정, 교양, 창체 등 • 연계되는 단원 : 가정폭력 예방 관련 단원 ※ 여성가족부(http://www.mogef.go.kr) 정부3.0 정보공개–교육정보 참조 ※가정폭력 위기상황에 대응할 능력을 향상시킬 수 있는 능력 포함 지도
8	교통안전	• 아동복지법 제31조 • 아동복지법 시행령 제28조 1항	2개월마다 1회 이상(연간 10시간 이상) ※7대 안전교육 표준안과 연계 가능	• 대상 : 유 · 초 · 중 · 고 학생 및 교직원 • 시기 : 학교 계획에 의한 5분 안전교육(3월~12월) • 자료 제공 : 담당 부서 매월 25개 자료 제공 • 방법(예시) • 1안 : 조 · 종례 시간 또는 점심시간 등을 이용한 매일 5분 안전교육 실시 • 2안 : 관련 교과시간 이용한 매일 5분 안전교육 실시 • 3안 : 그 외 각급 학교 실정에 맞게 매일 5분 안전교육 실시 • 운영 결과 : 정보공시자료(학교안전교육실적)에 보고

순	영역	근거	확보 시수	관련 교과 영역(예시)
9	생명 존중	• 경기도교육청 자살 예방 및 생명존중 문화 조성을 위한 조례 제4조 2항	매학기 1회 (연 2회) ※7대 안전 교육 표준안과 연계 가능	• 전 교과 관련 • 생명존중길라잡이활용(초 · 중 · 고용 각 1책)
10	실종유괴 예방	• 아동복지법 제31조 • 아동복지법 시행령 제28조 1항	연간 10시간 이상(3개월에 1회 이상) ※7대 안전 교육 표준안과 연계 가능	• 도덕 : 소중한 나, 자기행동에 대한 책임감, 생명의 소중함, 가정생활과 도덕, 친구 관계와 도덕 영역 • 보건 : 정서와 정신건강 영역 • 국어 : 다양한 매체를 활용하여 생각과 느낌을 효과적으로 표현하기, 생각과 판단, 상호작용과 관계 형성 영역 • 사회 : 개인과 사회생활 영역 등
11	학생인권 교육	• 경기도학생인권 조례	학기당 2시간 이상	• 국어 : 존중과 배려영역 • 영어 : 다양한 문화권에 속하는 사람들의 생활 내용 • 사회 : 인권 보장과 법, 공정성과 삶의 질 영역 • 도덕 : 소중한 나, 자기행동에 대한 책임감, 개인의 도덕적 삶과 국가의 관계, 삶의 소중함과 도덕, 인간 존엄성과 인권 영역 • 기술 · 가정 : 청소년의 이해, 가족의 이해 영역 • 실과 : 인터넷 예절 • 정보 : 정보의 윤리적 활용
12	재난 대비 안전교육	• 아동복지법 제31조 • 아동복지법 시행령 제28조 1항	연간 6시간 이상(6개월에 1회 이상) ※7대 안전교육 표준안과 연계 가능	• 과학 : 과학과 인류 문명, 인류의 건강과 과학기술, 소중한 지구 영역 • 사회 : 현대사회와 사회변동, 환경과 조화를 이루는 국토, 자원의 개발과 이용 영역 • 역사 : 산업사회와 국민국가의 형성 영역 • 기술가정 : 녹색가정생활의 실천 영역 등
13	흡연 · 음주 등 약물 오남용 예방 교육	• 아동복지법 시행령 제28조 1항 • 학교보건법 • 교육부학생건강 정책과(2015)	3개월에 1회 이상(연간 10시간 이상) ※7대 안전교육 표준안과 연계 가능	• 체육 : 건강과 환경, 건강과 체력, 사회와 여가 영역 • 과학 : 생명활동과 에너지, 생식과 발생 영역 • 기술가정 : 청소년의 자기관리, 가족의 이해영역 등
14	보건교육	• 학교보건법	초 · 중 · 고 1개 학년 이상 17차시(1단위) 이상	• 보건교사에 의한 보건교육 17차시 이상 운영 • 학교 교육계획에 교과(군)와 창의적 체험활동 시간을 활용한 보건교육계획 수립 · 반영

순	영역	근거	확보 시수	관련 교과 영역(예시)
15	성교육	• 성교육 내실화 방안 (교육부, 2015) • 학교보건법 제9조 • 경기도교육청 성교육진흥 조례안	연간 20시간 이상(성폭력 예방 교육 4시간 포함)	※보건교사에 의해 실시된 성교육 시수는 보건교육 시수에 중복 포함 가능 • 국어 : 배우자의 선택과 이성관 • 수학 : 성관계와 임신의 책무성 • 사회 : 성적 합리적 의사결정, 성에 대한 올바른 가치관, 성매매와 성 상품화의 실태, 원인, 대처법 • 과학 : 생식과 발생 영역, 생식기의 질병과 건강 관리 • 기술가정 : 출산과 부모 되기 준비, 자녀 양육과 부모의 역할 • 체육 : 건강과 체력 영역 • 도덕 : 성과 사랑의 윤리, 자기행동에 대한 책임 영역 등 • 음악 : 표현의 자유와 음란물
16	학생 응급 처치 교육	• 학교보건법 • 교육부학생건강정책과(2015)	연간 4시간 ※7대 안전교육 표준안과 연계 가능	• 사회 : 사회의 변동과 발전, 현대사회와 사회문제 영역 • 도덕 : 인간 존엄성과 인권 영역 • 체육 : 건강과 안전 영역 • 과학 : 환경오염에 따른 생태계 파괴와 자연재해 영역 등
17	장애인식	• 장애인복지법 제25조 • 장애인복지법 시행령 제16조 • 장애인복지법 시행규칙 제2조의 2	연간 1시간 이상	• 연계 교과 초등 : 국어, 사회(슬생), 도덕(바생), 체육, 창체 등 중등 : 국어, 사회, 도덕, 기술가정, 교양, 창체 등 • 연계되는 단원 : 장애인식 개선 관련 단원 • 교육 참고자료 –국립특수교육원 장애 이해 교육자료(국립특수교육원 홈페이지〉장애이해 사이트 배너〉장애이해 교육) –보건복지부 장애인식개선 초 · 중 · 고 학생용 교육자료(보건복지부 홈페이지〉정책〉장애인〉알림마당〉교육/홍보자료)
18	인성교육	• 인성교육진흥법 제10조 • 인성교육진흥법 시행령 제11조	수시 반영	• 인성교육 계획 수립 : 2월 • 인성 덕목 : 예절, 효도, 정직, 책임, 존중, 배려, 소통, 협력을 일상생활 속에서 습득될 수 있도록 연령별 누리과정에 반영 • 신체운동 · 건강, 의사소통, 사회관계, 예술경험, 자연탐구 5개 영역에 반영

※ 출처 : 경기도교육청 홈페이지(http://www.goe.go.kr)

둘째, 공모사업 방식이 있다.

공모사업을 하면 현장의 우수사례를 발굴할 수 있다는 장점이 있지만, 속내를 들여다보면 실제 어떻게 해야 정책 또는 사업의 목표를 달성할 수 있는지 확신이 없을 때 공모사업부터 하는 경우가 있다. 대개 공모사업 초기에 시작한 학교들은 "도대체 뭘 하라는 거냐?" "공모사업 담당자 회의나 워크숍을 할 때마다 이야기가 달라진다."고 쓴소리를 하곤 한다.

학교에 예산을 듬뿍 제공하고 학교 현장에서 일반화할 수 있는 사례를 쥐어짤 수 있는 가장 쉬운 정책 추진 방식이 공모사업이다. 공모사업 계획이 학교로 안내되면 학교는 공모사업에 선정되기 위해 계획서와 신청서를 제출한다. 계획서를 잘 쓰는 교사가 있는 학교는 사업을 잘 끌어오기도 하지만, 교사 개인은 계획서 쓰다 과로할 지경이다. 반면, 아무리 잘하는 학교라도 보고서 작성에 유능한 교사가 없으면 시도조차 어렵다. 이렇게 모인 계획서들은 사업 기준에 따라 심사하고 선정한 후 예산을 배정하면, 학교는 배정된 예산을 가지고 사업을 실행한다.

사업을 실행하면서 시행착오도 겪고 보람도 느끼게 되지만, 상당 부분 학교에 기존에 없었던 업무가 증가하는 것이 현실이다. 공모사업 종료 후에도 지속적으로 학교 교육활동으로 정착되기를 바라지만, 대개 기간이 종료되면 학교에서는 더 이상 지속하지 않는다. 이유는 간단하다. 학교 교육과정을 정상적으로 운영하는 것만으로도 쉽지 않은데, 거기에 더해진 공모사업 업무 자체가 힘들기 때문이다. 연말에는 이에 대한 보고서와 정산서를 제출해야 하고, 우수사례는 사례집과 같은 장학 자료를 제작하는 데 활용된다. 솔직히 그 자료집을 누가 보는지 알 수 없다. 분명한 건 다음에 그 사업을 하고자 계획서를 쓰려는 학교의 교사는 볼 것이다.

학교 입장에서는 공모사업에서 제안하는 예산도 필요하지만, 학교의 실적이 될 수 있고, 일부 사업은 교원의 인사 인센티브가 부여되는 경우도 있어 여러 가지 이유로 희망하게 된다. 그러나 공모사업의 취지와 내용을 이해하고 계획서와 신청서를 작성하는 과정은 부담이다. 또 선정된다는 보장도 없기 때문에 여러 사업을 신청하는 경향이 있고, 이는 고스란히 담당자의 업무 부담이 되어 수업에 전념해야 하는 교사가 업무에 매몰되는 부작용을 낳는다.

셋째, 정기적인 점검 및 보고 방식이다.

시설이나 급식, 생활지도 등 사안이 발생하지 않도록 관리하는 것이 주요 업무인 경우, 학년도 초에 계획을 수립한 후 월별 · 분기별 · 학기별로 학교가 자체 점검한 후 결과를 보고하는 방식으로 진행된다. 실질적으로 점검이 잘 이루어져야 하는 것이 원칙이지만, 요구하는 자체 점검이 너무 많아 대개 사안이 발생하였을 때 책임을 면하기 위한 조치라는 인상까지 주게 된다. 학교 안전, 평가시행 관리, 학교생활기록부 기재 점검 등 수많은 체크리스트가 있지만, 항목 하나하나 꼼꼼하게 확인하고 점검하는 학교가 몇이나 될까? 학교가 꼭 해야 하는 관리 점검은 무엇이며, 선택과 집중이 필요한 것은 아닌지 의견을 수렴할 필요가 있다.

무늬만 교육지원청, 교육을 지원하는가?

교육행정기관이 교육부, 시·도 교육청, 교육지원청, 직속기관 등 기관에 따라 역할이 조금씩 다르지만, 학교 현장과 가장 가까이 접하고 있는 기관은 교육지원청이다. 관할 지역에 있는 유치원·초등학교·중학교·고등학교·특수학교·각종 학교 등을 관리·감독한다.

'교육지원청'이라는 명칭은 학교의 관리·감독·규제 기관으로서의 '지역 교육청'을 학교·학생·학부모를 지원하는 기관으로 기능과 역할을 전환하고자 개편 정책을 추진했다.

2010년 9월 교육과학기술부는 '선진형 교육지원청 기능 및 조직 개편' 정책을 전면 시행하였다. 당시 1년을 시범운영 기간으로 설정하였으나, 계획보다 앞선 6개월 만에 전면 시행을 단행하면서 현장으로부터 거센 저항에 부딪혔던 것이 사실이다. 늘 성급하게 밀어붙인다는 우리 교육 정책 추진상의 문제점을 고스란히 담고 있는 사례 중 하나로, 당시 시범운영 기간을 더 확보하고 안착시켰으면 낫지 않았을까, 시범운영상 드러난 문제점을 해소하며 적용할 수는 없었을까 하는 아쉬움이 있다.

당시 학교 자율화 정책의 핵심 부분 중 하나였으며, 지역교육청의 관리·감독·규제 위주의 업무를 축소하고 교육 수요자 및 현장을 지원하는 기능을 강화하는 것이 주요 골자였다. 이때 학교 현장에도 적지 않은 혼란을 주었던 조직상의 중요한 변화는 초·중등 구분이 명확했던 대상 중심 조직을 담당 업무 중심의 기능 중심 조직으로 전환한 것이다.

◆선진형 교육지원청 기능 및 조직 개편 주요 내용◆

개편 방향

이전		이후
• 유치원 및 초 · 중학교 운영에 관한 지도 · 감독 및 기타 조례로 정하는 업무 수행 • 지역 교육청, 관리 위주의 부서 명칭	➡	• 관리 · 감독 · 규제 업무 축소 · 이관 • 지역 교육청 · 본청 간 기능의 합리적 재배분 • 학교 · 교육 수요자 지원 기능 강화 • 교육지원청, 지원 위주의 부서 명칭

조직 변화

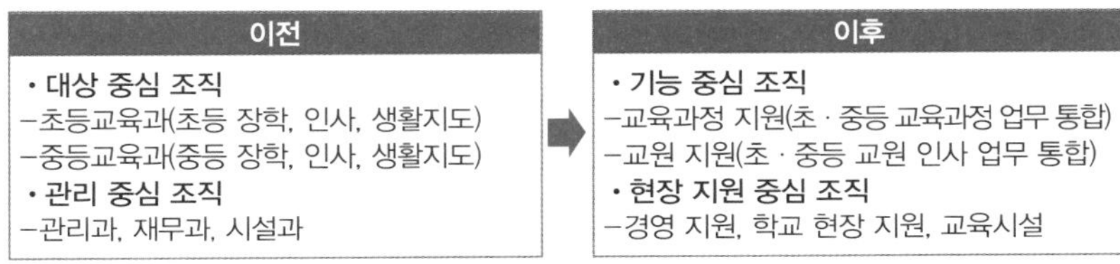

이전		이후
• 대상 중심 조직 –초등교육과(초등 장학, 인사, 생활지도) –중등교육과(중등 장학, 인사, 생활지도) **• 관리 중심 조직** –관리과, 재무과, 시설과	➡	**• 기능 중심 조직** –교육과정 지원(초 · 중등 교육과정 업무 통합) –교원 지원(초 · 중등 교원 인사 업무 통합) **• 현장 지원 중심 조직** –경영 지원, 학교 현장 지원, 교육시설

그렇다면 교육지원청은 학교 현장을 지원하게 되었을까?

교육청을 교육지원청으로 바꾸면서 이름만 귀찮게 길어졌다는 반응과 함께, 교육지원청이 '현장을 지원해야 한다'는 기본 방향에는 공감하지만 실질적인 변화는 미비했다는 의견이 대부분이다. 조직 구조는 바뀌었지만 업무는 그대로였기 때문에, 오히려 초등과 중등 간의 업무 갈등을 유발하는 사례가 많았고, 시·도에 따라서는 기존의 대상 중심 조직으로 재편하거나 대상 중심 조직과 기능 중심 조직이 혼재하는 경우도 발생하였다.

앞서 살펴본 교육청 조직을 다시 보면, 대상 중심과 기능 중심의 기준이 모호하게 섞여 있음을 알 수 있다. 오랜 관행을 탈피하는 것이 쉽지 않은 일이며, 자신의 업무 이해관계를 벗어나 교육적 사고로 전체를 파악하고 조직을 구성·운영하는 안목은 부족했던 것이다. 정책 추진 도입 단계부터 조직 개편 이후 경과를 정리하면 다음 표와 같다.

◆선진형 교육지원청 기능 및 조직 개편 이후 경과◆

시기	주요 내용
논의 초기	• 2000년 전후 논의를 시작함. • 조직의 비효율성, 본청과 중복되는 관리 · 감독 기능 문제에 대한 대안으로 지역 교육청 통 · 폐합과 현장 지원 기능 강화를 제기함.
2009년	• 지역 교육청을 '학교 현장 공감형 기관'으로 기능 개편 시범사업. • 전국 4개 교육지원청 대상 시범 운영(2010년 3월~9월).
2010년 9월	• 교육부가 기능 개편 가이드라인을 제시하여 전면 조직 개편 실시.
2011년	• 조직 개편 내용을 시 · 도 교육청 평가에 반영. • 평가 내용 : 기능 개편 현장 안착 연수, 컨설팅 장학 활성화 실적, 본청-교육지원청 간 업무 재배분 등.
2012~13년	• 현장 조사 : 초 · 중등 분리 관행으로 불만 제기, 일부 시 · 도 폐기 또는 축소(혼용).
2014년	• 시 · 도 교육청 평가 지표에서 삭제. → 현재는 시 · 도 교육청의 판단과 선택의 문제.

최근에는 소규모 교육지원청 통폐합이 논의되면서 교육지원청 조직과 역할에 대한 관심이 재조명되고 있다. 다음 표의 내용과 '통폐합'이라는 용어에서 알 수 있듯이 조직의 효율화 측면을 다루고 있어 2010년 조직 개편 당시의 논의와는 다르다. 최근에는 교육지원청 조직 관련 정책의 목표가 '현장 지원'이라는 인식이 확산되어 공감대가 형성되어 가고 있다. 하지만 2010년 조직 개편 당시 관련 법령에조차 '지원'을 언급하지

못했던 것을 보면, 교육지원청의 목적과 역할에 대해 분명하게 정의 내리지 못한 채 각종 활동들이 집약되지 못한 한계를 짐작할 수 있다. 지금은 지방교육자치가 뿌리내린 변화 속에서 그때의 한계를 극복하고 현장의 의견을 반영하여 다시 개선해야 하는 시점이다.

◆소규모 교육지원청 통 · 폐합 주요 내용◆

정책	소규모 교육지원청 조직 효율화 추진 계획(2016.5.31.)
교육부 보도자료 (2016.6.1)	교육부(부총리 겸 장관 이준식)는 시 · 도 교육청의 지역단위 교육행정기관인 교육지원청의 효율적인 조직 운영을 위하여 「소규모 교육지원청 조직 효율화 추진 계획」을 마련하여 발표하였다. 이번 추진 계획은 최근 학생 수의 급격한 감소*로 '관할 학생 수가 3천 명 미만'인 소규모 교육지원청이 앞으로 꾸준히 증가**할 것으로 예상되고 있어, 행정 · 재정적 비효율이 초래되는 소규모 교육지원청의 자율 통 · 폐합 기준 및 절차 등을 마련하여 지방교육의 운영 효율을 높이기 위해 추진한다. * '16년 주민등록 인구 통계 및 교육 통계 : '00년 학생 수(7,952천 명) → '15년 학생 수(6,089천 명) → '22년 학생 수(5,274천 명) ** 학생 수 3천 명 미만 교육지원청 개수 : '00년 1곳(울릉) → '16년 25곳 → '22년 33곳 그간 적정 규모 교육지원청 통 · 폐합을 위한 노력을 기울였으나, 조직 축소를 우려하는 교육청의 거부감 및 지역 이해관계자의 반발 등으로 지방교육의 효율적 운영에 어려움을 겪고 있었다. 이에, 교육부는 적정 규모 교육지원청 통 · 폐합 유도를 위한 법령 정비와 행정 · 재정적 지원을 병행 추진하여 교육청이 자발적으로 교육지원청 통 · 폐합을 추진하도록 유도할 계획이다.

2장

장학사 업무를 들여다보자

시 · 도 교육청이나 교육지원청과 같은 교육행정기관에서 장학사는 주로 교육과정, 생활지도, 교원 인사 등 학교교육 주체와 관련된 내용을 담당하며, 업무 유형을 구분하여 간단히 정리하면 다음과 같다.

1. 국가 위임 사무 : 교육부로부터 하달되는 사무
   예 : 각종 교육시책 사업, 학업성취도평가, 수능 운영 등
2. 학교 관리 · 감독 : 교육과정, 생활지도, 인사 전반에 걸친 관리 · 감독
3. 현장 지원 : 학교 교육활동을 촉진할 수 있는 연수, 컨설팅, 네트워킹 등
4. 감사 · 예결산 : 업무 전반에 대하여 요구되는 감사와 예결산 관련 업무
5. 의회 및 지방자치단체, 유관기관 협력
6. 민원 처리 : 유선, 인터넷(국민신문고 등) 등을 통해 접수되는 민원 해결

이와 같은 업무를 어떻게 수행하는지 구체적으로 들여다보자.

기획

먼저 장학사 업무를 수행하기 위한 가장 기초적인 단계로 '기획'을 해야 한다. 학교 및 교원과 학생·학부모·지역사회 등을 중심에 두면서도 창의적이고 세심한 기획이 요구된다.

기획의 근거, 기획을 통해 실현하고자 하는 교육목표와 교육의 변화는 어떤 것인지, 어떤 원칙으로 추진되어야 할지, 학교 담당자 입장에서 어떻게 실행할 수 있는지, 과정상 지원은 무엇이 필요한지, 성과는 어떻게 평가하고 환류할지 등 고려해야 하는 사항들이 많다. 틀에 박힌 유형을 반복하여 학교에 부담으로만 작용하는 것은 아닌지 통합적으로 들여다보고, 장학사 개인 업무의 성과에만 집착하지 말아야 한다.

다음 사례는 교육지원청 장학사가 현장의 관점에서 얼마나 세심하고 실행할 수 있는 기획을 해야 하는지 보여주고 있다.

> 학교가 지역 교육청 인근에 위치해 있어서 교육청 행사에 장소를 제공하는 경우가 종종 있다. 그런데 빈 시간에 빈 공간을 사용하는 것이 아니라, 무리하게 기존의 다른 프로그램에까지 지장을 주며 사용하는 경우를 겪고 있다. 교육청에서 체육 관련 행사를 하는데 본교 체육관을 일주일간 사용하겠다는 얘기를 들었다. 본교 방과 후 학교 프로그램 중 체육관을 사용하는 강좌를 운동장이나 연수실로 이동해 수업을 할 계획이었다. 그런데 교육청 행사 자료를 보니 장소

가 '○○초 연수실 및 체육관'으로 되어 있었다.

교육청에 문의를 해보니 같은 날 두 장소를 사용할지, 요일별로 다른 장소를 사용할지 모른다는 것이었다. 교육청이 어떻게 사용하느냐에 따라 우리 학교의 방과 후 수업에는 지장이 생길 수 있었다. 방과 후 업무 담당자인 나는 참 어이없고 난처한 입장에 처하게 되었다. 방과 후 강사님들에게 안내를 해줘야 하는데, 아직 정확한 것은 하나도 없다니……. 교육청에서 학교 시설을 이용할 수는 있다고 생각한다. 하지만 업무 담당자나 그와 관련된 사람들이 예측 가능하게는 해줘야 하는 것 아닌가.

— 학교 현장을 지원하는 교육청, 어떻게 만들 것인가?

일반적으로 교육부나 시·도 교육청 수준의 기획이 교육지원청 차원의 기획보다 더 전문성을 갖추어야 한다고 인식한다. 기획안의 명칭도 조금씩 차이는 있겠지만, 주로 '추진계획(교육부) – 기본계획(시·도 교육청) – 지원계획(교육지원청) – 운영계획(학교)'으로 진행된다. 즉, 국가 수준의 큰 틀로 교육부에서 '방안' '추진계획' 등을 발표하면, 시·도 교육청은 이를 토대로 '기본계획'을 수립하게 된다. 물론 시·도 교육청이 국가 행정사무 중 시·도 교육감에게 위임되는 사무뿐 아니라 지방교육자치 차원에서 지역 교육환경과 특색에 맞는 정책을 자체적으로 기획하고 추진할 수 있다.

시·도 교육청의 '기본계획' 등에 근거하여 교육지원청은 지역의 여건과 특성에 맞게 '지원계획'을 수립하게 된다. 조직의 깔때기(역삼각형) 구조 특성상, 교육지원청 장학사 1명은 여건에 따라 차이가 있겠지만 시·도 교육청 업무 담당자 10~15명 정도를 대상으로 업무를 수행한다. 그러다 보니 교육지원청 장학사는 시달된 공문을 학교에 전달하는 것만으로도 바쁘기 때문에 기획에 대한 여력이 상대적으로 없는 편이다. 가끔 교육지원청 장학사가 시·도 교육청 계획에 표지만 바꾸어 학교로 전달하는 경우, 학교는 시·도 교육청과 교육지원청이 해야 하는 일을 구분하지 못해 혼란을 겪기도 한다.

연수와 컨설팅

'기획'을 토대로 각종 정책과 사업을 시행하는 과정에 연수와 컨설팅을 운영하는 것이 보편적이다. 학교 현장을 지원하기 위하여 학교 및 교원과 학생·학부모·지역사회 등을 대상으로 주요 교육정책에 대한 이해를 높이고, 현장 안착을 돕기 위한 경우가 대부분이다. 그러나 자발성에 기초하지 않고 의무 할당이나 동원 방식으로 진행되는 경우에는 지원이 아닌 부담으로 작용하게 되는 것이 현실이다.

『교육지원청 혁신 방안 연구(오재길, 2016)』에서 실시한 설문조사 결과를 보면 정책과 사업을 관행적으로 추진하는 방식이 현장에 얼마나 부담이 되는지 알 수 있다.

◆교육지원청의 역할 중, 학교 현장에 부담이 되는 것(복수 응답 가능)◆

항목	전체		교사		(교장 · 교감)		행정직원 (행정실무사 포함)	
	응답 수 (명)	비율 (%)	응답 수 (명)	비율 (%)	응답 수 (명)	비율 (%)	응답 수 (명)	비율 (%)
교육과정 · 수업 컨설팅 및 지원	627	15.8	578	17.5	15	6.3	34	7.9
교육지원청 내의 교직원 전달 연수	806	20.3	710	21.5	50	21.0	46	10.6
각종 학생 대회 참여	767	19.3	697	21.1	35	14.7	35	8.1
의무적으로 할당된 연수 참여	1,584	39.8	1,395	42.1	71	29.8	118	27.3
학기 중 지속적인 교육과정 반영 공문(메시지)	1,576	39.6	1,338	40.4	102	42.9	136	31.5
교사 지원단 동원	353	8.9	295	8.9	36	15.1	22	5.1
우수사례(실적) 제출	1,942	48.8	1,675	50.6	93	39.1	174	40.3
교무행정과 일반행정을 구분하지 않음	1,415	35.6	1,104	33.4	100	42.0	211	48.8
각종 민원을 학교에서 처리	1,039	26.1	856	25.9	58	24.4	125	28.9
각종 사업에 학교 관리자 및 부장이 지원	508	12.8	432	13.1	29	12.2	47	10.9
교육장 및 국 · 과장의 학교 방문	341	8.6	273	8.2	13	5.5	55	12.7
기타	58	1.5	37	1.1	10	4.2	11	2.5

※ 출처 : 오재길(2016). 교육지원청 혁신 방안 연구. 경기도교육연구원

민원, 사안 처리

다양한 구성원이 함께하는 학교에는 역시 다양한 사안과 민원이 발생하기 마련이다. 학생과 교사 간의 소통으로 금방 해결되는 것도 있고, 학교 자체에서 조정하여 문제가 해결되기도 한다. 경우에 따라서는 바로 시·도 교육청과 교육지원청을 찾기도 한다. 이에 대한 처리는 관련 규정과 매뉴얼에 근거하여 판단하고 조치를 취하게 된다. 명확하게 문제를 파악하고 해결이 가능한 경우는 다행이지만, 대개 쉽게 해결되지는 않는다. 특히 학생 자살, 학교폭력 등 심각한 사안이 발생하는 경우에 학교는 행정적으로뿐만 아니라 정서적으로도 힘들어진다. 그런데 이에 대한 지원보다는 상급 행정기관에 보고하도록 하고 현장 조사 등을 통해 책임 소재를 밝히는 데 집중하게 되는 경우가 많아서, 학교는 이중 삼중으로 어려워지기도 한다.

교육지원청 역시 사안이 발생하면 시·도 교육청 각 관련 부서가 보고를 요구하고 조사하기 때문에 해당 학교가 처한 상황과 크게 다르지 않다. 예를 들어, 전·입학이나 내신 성적 산출과 같이 학교교육에 대해 잘 모르고 오해하는 경우는 친절히 안내하고 설명하면 된다. 하지만 학교생활기록부 기재에 오류를 범하거나 학생 생활교육에 있어 과실을 일으키는 등의 일이 생기면 학교의 신뢰가 떨어지고 학교와 민원인 사이 감정이 상하게 되면서 심한 경우에는 고소, 고발에 이르기도 한다. 이렇게 학교가 민원으로 힘들어할 때, 장학사는 민원이나 사안에 대한 정확한 이해와 판단을 하고 학교를 지원할 수 있어야 한다. 자신의 책임을 회피하거나 문제해결을 학교에만 맡기는 등 소극적으로 대응하게 되면 그 피해는 고스란히 학교로 향하게 된다.

학교 방문

장학, 관리·감독, 사안 처리 등 여러 사유로 학교를 방문하는 일이 생긴다. 물론 옛날처럼 장학사가 학교에 온다고 하여 대청소를 한다거나 갑자기 수업이 달라지는 일은 요즘 같은 시대에는 찾아보기 힘들다. 학교에 방문하면 장학사는 주로 교장·교감과 소통하게 되는데, 학교를 제대로 이해하고 지원하기 위한 학교 방문은 어떤 것인가 고민이 필요하다. 교장·교감과 같은 관리자 입장에서는 학교의 실적, 우수 사항을 홍보하고 싶은 것이 당연한 모습일 것이다. 자칫 학교가 정말 필요로 하는 것이 무엇인지 제대로 이해하지 못할 수 있다.

행사

장학사가 대외적으로 드러나는 업무는 행사를 주관하거나 참여하게 되는 경우이다. 오래전 장학사들 사이에는 이런 농담이 전해져 왔다. "업무에서 실수한 것은 용서되지만, 의전에서 실수한 것은 용서되지 않는다." 지금은 웃으면서 말하지만, 행사에서 '의전'을 얼마나 중요하게 생각했는지 엿볼 수 있다. 요즘은 각 기관의 상황이나 여건에 따라 강도의 차이는 있겠지만, 과거 권위주의 시대보다는 덜하다고 볼 수 있다.

행사를 주관하게 되는 경우 세심한 배려와 준비가 필요하다. 사전 답사를 하는 것은 물론이고, 행사 준비물을 직접 챙기는 것까지 장학사의 몫이다. 최근 지역사회와의 협력이 확대되고 있어, 지역사회 유관기관 행사에 참여하는 일이 증가하고 있는 추세이다. 체육대회, 지역 축제 등에 참여하게 될 때 기관에 대한 이해를 충분히 하는 것이 필요하다.

회의

조직 내에서 의회 관련, 감사, 업무보고 등 일상적인 업무들을 수행하게 된다. 공식적인 회의 또는 팀·부서 간 협의 등 수시로 회의가 있으며, 이를 통해 자신의 업무뿐 아니라 교육 전반의 흐름을 이해하고 협력하게 된다. 각 부서와 담당자가 분절적으로 업무를 추진하다 보니 학교는 그 내용을 통합적으로 받게 되어 중복되거나 충돌하는 현상이 발생하기도 한다. 학교를 하나의 교육 유기체로 보고 교육청부터 전체적으로 조율하며 추진하는 것이 중요하다. 예를 들어, 교육과정 편성 기한과 교원 소요 제출 일정이 맞지 않는 경우, 업무별로 교장·교감 또는 담당자 회의가 중복되어 시행되는 경우, 한 부서 다른 팀에서 안내된 계획인데 세부 내용이 일치하지 않는 경우 등 교육과정 운영에 전념해야 하는 학교를 방해하는 일들이 일어나기도 한다.

지역사회 협력

장학사 고유의 전형적인 업무 외에도 각종 체험처 발굴, 교육 기부 등 지역사회 교육 참여가 확대되고 있다. 이에 따라 장학사의 소통과 협의·협상 능력에 대한 요구가 높아지고 있다. 지방자치단체 예산 지원에 대하여 대응하는 정도의 협력을 넘어, 지역사회와의 협력의 경계가 없어지고 있다고 해도 과언이 아니다. 장학사로 전직하기 전에는 교실에서 학생들과 소통하고, 학부모와 상담하고, 비슷한 성향의 교원들과 함께 지낸 것이 전부이다 보니, 다양한 기관이나 대상과 협의하고 때로는 갈등을 관리하는 것이 쉽지 않다. 대상에 대한 이해를 넓히고, 보다 열린 마음으로 임하는 마인드 전환이 필요하다.

학교가 교육지원청에 요구하는 사항들에 대한 설문조사를 보면, 장학사가 어떻게 변화하고 성장해 가야 하는지 시사하고 있다.

무엇보다 분명한 것은 시대와 사회적 변화만큼이나 장학사의 역할과 기능에 대한 기대와 요구가 달라지고 있다는 사실이다. 이제 '장학사, 무엇을 하는가?'에 대한 질문에 현장의 관점에서 끊임없이 성찰하고 능동적으로 답하지 않는다면, 진정한 교육현장의 변화와 지원은 기대하기 어려울 것이다.

공문

공무원의 언어는 '공문'이라고 해도 과언이 아니다. 각종 공문서 처리와 자료 취합 및 통계 처리 등 공문을 통한 행정업무 처리가 일상적이다. 가끔 학교 현장에서 공문서 해석이 안 된다고 불평하는 일이 있다. 공문서 작성에 관한 규정을 준수하는 것은 기본이고, 무엇보다 수신자가 이해하기 쉽고 명료하게 작성하는 것이 중요하다.

◆교육지원청이 해주었으면 하는 역할(복수 응답)◆

항목	전체		교사		(교장 · 교감)		행정직원 (행정실무사 포함)	
	응답 수 (명)	비율 (%)	응답 수 (명)	비율 (%)	응답 수 (명)	비율 (%)	응답 수 (명)	비율 (%)
학교폭력 등 각종 민원처리 전담 부서를 신설하여 학교의 민원을 담당	2,013	15.8	578	17.5	15	6.3	34	7.9
교직원의 고충을 들어주는 부서 신설	1,303	20.3	710	21.5	50	21.0	46	10.6
교육과정과 수업 전문가로 구성된 팀이 있어, 컨설팅이나 지시가 아닌 실질적이고 체계적인 지원	1,519	38.2	1,292	39.0	105	44.1	122	28.2
각종 우수사례의 DB화를 통해 계획서 양식 및 우수학교의 사례 홍보	624	15.7	544	16.4	44	18.5	36	8.3
국감 · 행감의 요구 자료 분석	1,015	25.5	778	23.5	68	28.6	169	39.1
강사 인력풀(기간제) 관리 및 지원	949	23.8	783	23.7	91	38.2	75	17.4
행정실무사 및 관리자 연수	711	17.9	559	16.9	21	8.8	131	30.3
행정실과 교무실의 업무 갈등 조정	995	25.0	691	20.9	61	25.6	243	56.3
관내 학교 정책 모니터링단 운영을 통해 학교 현장의 의견을 반영하는 시스템 마련	691	17.4	570	17.2	49	20.6	72	16.7
투명한 인사(관리자, 관내 인사 포함) 및 포상 추천	659	16.6	524	15.8	35	14.7	100	23.1
친절 교육과 함께 불친절에 대한 제제 강화	226	5.7	181	5.5	9	3.8	36	8.3
기타	47	1.2	36	1.1	5	2.1	6	1.4

※ 출처 : 오재길(2016), 교육지원청 혁신 방안 연구, 경기도교육연구원

요즘은 공문서가 공공의 적이 된 것 같다. 교사들의 행정업무를 경감하고 교육활동에 집중하게 하자는 취지로, 거의 모든 시·도 교육청에서 공문서 감축을 위해 적극적으로 노력하고 있는 것으로 안다. 공문서를 줄이자는 조례를 시행하고 공문서 통제관을 지정하는 시·도 교육청이 있는가 하면, '수요일 출장과 공문이 없는 날'을 운영하는 교육청도 있다. 교사의 행정업무를 줄이고 교육에 전념할 수 있는 여건을 조성하기 위한 것이지만, 사실 공문만큼 효율적인 의사소통 수단도 없다.

일부 교육지원청에서는 본청 각 부서와 교육지원청별 공문 발송량, 전년대비 감축률 등을 집계해서 안내한다. 교육지원청별로 바로 비교가 되기 때문에 교육지원청에서는 어떻게든 학교로 발송되는 공문량을 줄이려고 노력한다. 이 과정에서 유사한 내용을 하나로 묶어서 한 공문으로 보내기, 공문 게시로 처리하기, 메신저로 대체하기, 교감협의회 때 출력물로 전달하기 등 온갖 방법이 동원된다.

한번은 도교육청에서 지난달에 보낸 공문을 재확인할 필요가 있어서 문서함에서 키워드로 공문을 검색하는데 아무리 키워드를 바꿔 입력해도 검색되지 않았다. 한 20여 분 씨름하다가 다른 교육지원청 장학사에게 해당 공문을 기억하느냐 물었더니, 공문 제목이 나의 예상과 전혀 달랐다. 도교육청에서 서로 다른 내용을 하나의 공문으로 묶으면서 공문 제목을 내가 찾던 내용과 다른 것으로 붙이다 보니 도저히 검색할 수 없었던 것이다. 중요한 지침은 필요시에 검색해서 참조할 수 있어야 하는데, 공문서량 감축에만 집중하다 보면 이런 일이 생기기도 한다.

내가 일하는 교육청은 '수요일 공문 없는 날'을 시행한다. 그런데 과연 학교는 수요일에 공문이 없을까? 수요일에 공문 발송이 안 되기 때문에 급한 공문이 있다면 장학사들은 화요일 저녁에 초과근무를 해서라도 밤 12시 이전에 학교로 공문을 발송한다. 그러면 학교는 수요일 오전에 공문을 접수하게 된다. 교사였을 때 수요일 오전에 이런 식으로 발송된 공문을 접수한 적이 있었기 때문에, 장학사가 된 첫 주 수요일에 2건의 공문을 발송하면서도 실수했다는 생각을 하지 못했다. 그런데 점심 식사하면서 과장님이 본인도 깜박하고 결재를 했다고 하면서 다시는 실수하지 말라고 신신당부했을 때에야 그 정책이 아직도 유효함을 깨닫는 일이 있었다.

그런데 도교육청은 이 정책이 성공적이라고 평가한 것일까? 심지어 2016년부터는 3월 한 달간 학교로 공문을 보내지 않도록 했는데, 그러다 보니 교육지원청도 학교도 매우 혼란스러웠다. 도교육청 어느 부서에서는 중요 내용인데도 공문 게시로 처리하고 교육지원청에 메시지를 보내 학교에서 공문 게시를 확인할 수 있도록 전달해 달라고 하기도 했다. 또 교육지원청으로만 공문을 시행해서 학교 자료를 취합해 달라고 요청하는 일들이 빈번했는데, 문제는 교육지원청은 학교로 공문을 시행할 수 없기 때문에 결국 공문 대신 메시지를 보내야 했다. 이렇게 거의 모든 담당자가 학교로 메시지를 보내니 학교에서는 차라리 공문을 보내 달라는 불만을 터뜨리기도 했다.

"우리 교사들은 수많은 사회참여 교사들의 노력으로 지금의 대우를 받고 있다고 생각해요. 시인으로 유명한 도종환(당시 청주 중앙중), 안도현(당시 전북 이리중)이나 출산을 보름 앞두고 전교조에 가입했다는 이유로 해직된 이명심(당시 전남 함평중) 등의 노력이 매우 컸으며, 비리 사학재단과 맞서 싸우다 해직된 교사들도 수없이 많지요. 지금의 교육전문직 역시 교직 선배들의 눈물에 의해 그러한 혜택을 받으며 현재의 위치에 올랐고, 특히 그중에는 현직 교사 시절 배움 중심 수업에 몰입하거나, 사회참여의 목소리를 높인 교사들도 많았다고 생각합니다. 그러나 나는 단 한 번도 교육전문직이 시국선언을 하거나 교육부의 지시에 공개적인 반대 의사를 내보인 경우를 본 적이 없어요. 물론, 자신의 직위가 위협받는 행위를 강요할 수는 없겠으나, 우리 교사들은 언제나 올바른 목소리를 낸 교육전문직이 현장으로 돌아오는 것을 반길 준비가 되어 있습니다. 그렇지 않다면 현재의 교육전문직은 그냥 공무원이고, 일반행정직원과 다를 바 없다고 생각해요. 그리고 아무도 그들에게 교육전문직 시험에 응시하라고 말한 사람은 없지요. 교사가 격무에 피곤을 호소하는 것을 공감하지 못하면, 교육전문직 역시 그런 말을 할 자격이 없으며, 두 직종 간에 책임의 범위는 교육전문직이 더 크다는 것을 항상 깨달았으면 좋겠어요."

— 중등 L교사

좋은 정책 기획하기

어느 조직에 속해 있든지 무엇인가를 기획해야 하는 상황에 맞닥뜨리게 된다. 교육전문직의 숙원 중 하나는 단순 사업 실행이 아닌 기획을 차분히 할 수 있는 여유와 조건 보장이다. 그러나 충분한 여유와 괜찮은 조건이 주어진다고 해서 좋은 정책의 기획이 이루어지는가는 별개의 문제이다. 어느 교육부 사무관에게서 놀라운 이야기를 들었다. 현장에서는 자율성을 많이 달라고 이야기를 하지만 막상 깊이 들어가 보면 예전의 방식대로 틀과 지침을 정해서 내려 달라고 요구하는 교육전문직이 적지 않다는 것이다. 교육부에서 방향을 설정해서 내려주면 그대로 시행을 하면 되는데, 지역 상황에 맞추어 기획을 하라고 하면 오히려 힘들어 하는 교육전문직이 적지 않다는 것이다.

일제고사 방식으로 중간고사와 기말고사를 보면 교사 개인에게는 편하지만 평가의 전문성을 보다 확장하기 위해서는 수행평가라든지 과정평가 비율을 높여야 한다. 꼭 필요한 과정이지만 사실 교사들에게는 상당히 피곤한 작업이 될 수 있다. 교육전문직도 위에서 시키는 대로 혹은 관행대로 일을 하면 편하지만 무엇인가를 바꾸려 하면 피곤해진다. 그러나 이러한 피곤한 과정 없이는 교육전문직을 전문가라고 부르기 어렵다. 기존의 일제고사 방식으로 평가를 진행하면 교사는 편할 수 있지만 그 길을 거부한 채 평가의 본질을 고민하며 어려운 길을 걷는 교사들과 유사한 상황이라고 볼 수 있다.

좋은 정책과 사업을 기획하는 첫걸음은 무엇인가? 충만한 문제의식이다. 기존의 사업을 관행대로 반복하면 교육전문직은 편하지만 변화를 일구기 어렵다. 그렇다면 문제의식은 어디에서 나오는가? 평소 정책과 사업을 실행해 보면서 느꼈던 경험을 가지고 있거나 문제의식을 지닌 현장의 목소리를 충분히 들었거나, 아니면 정책을 바라보는 철학과 관점이 분명할 때 가능해진다.

예를 들어, 신규교원 임용고사를 생각해 보자. 누가 임용고사에 합격하는가? 임용고사는 1차(지필고사)와 2차(면접고사) 점수를 합산하여 선발한다. 1차 시험의 비중이 매우 클 수밖에 없다. 신규교원 임용고사는 사실 기피 업무 중 하나이다. 만약 출제의 오류가 발생하면 그 순간 인사 조치 가능성이 매우 높아진다. 온갖 민원과 소송 가능성에 담당자들이 시달린다. 그러다 보니 어느 순간 이 업무는 교육전문직이 하지 않고 대부분의 지역에서는 일반행정직이 관할한다. 후배 교사를 뽑는 업무를 교육전문직이 주도하지 않고 일반행정직에게 맡기는 상황을 어떻게 해석할 것인가?

현행 임용고사 시스템으로 신규교원을 선발하는 작업은 법적으로 아무런 문제가 없다. 그런데 이러한 문제의식이 가능하다. '도대체 누가 임용고사에 합격하고 있는가?' '현장에서는 어떤 교사들이 합격하기를 원하는가?' '지필고사 성적만 높으면 교사의 자질이 충분하다고 말할 수 있는가?' 이러한 문제의식을 갖게 된다면 당연히 임용고사제도에 무엇인가 변화가 필요하다는 인식을 하게 된다. 변화를 만들기 위해서는 법령을 확인해 보고, 교육부와 교육청의 권한이 어디까지인가를 확인해야 한다. 단기간에 바꿀 수 있는 내용과 중장기적으로 바꿀 수 있는 내용을 구분해야 한다. 이러한 변화를 만들기 위해서는 관련 연구를 진행하거나, 선행연구를 분석하거나, 이 분야의 전문가나 당사자들을 만나서 충분히 이야기를 들어야 한다. 이러한 과정을 통해 나름의 기획안을 숙성시킬 수 있다.

통상 기획 보고서는 다음과 같은 틀로 이루어진다.

1. 추진 근거
2. 추진 배경
3. 목표
4. 실태 분석 및 시사점 도출

5. 추진 전략 및 운영 방침

6. 세부 계획

7. 예산

8. 중장기 로드맵

9. 홍보 계획

10. 행정 사항

11. 기대 효과

각 조직마다 약간의 차이는 있으나 추진 근거, 추진 배경, 목표, 실태 분석 및 시사점 도출, 추진 전략 및 운영 방침, 세부 계획, 소요 예산, 기대 효과, 행정 사항 등을 명시한다. 보고서의 성격에 따라서 홍보 계획이라든지 중장기 로드맵 등을 넣기도 한다. 최근 들어 보고서는 장황한 미사여구를 많이 넣는 방식보다는 작은 분량에 핵심만 명기하고, 필요한 내용은 부록이나 참고자료로 돌리는 경향이 있다.

교육부의 문건을 보면 교육청의 문건과 다소 차이가 있다. 핵심적인 내용을 먼저 (　　)에 제시하고 관련 내용을 풀어내는 방식이다.

■ 문제점

(직무 역량) : 현장 교사에게 요구되는 직무 역량과 임용고사 선발 요소와 괴리 발생.

(사교육비) : 임용고사 합격을 위해 대다수 학생들이 임용고사 학원 강좌를 수강.

추진 근거는 가능하면 구체적으로 제시하는 것이 좋다. 국정과제, 대통령 또는 교육감 교육 공약, 관련 법령(예 : 초·중등 교육법), 2017 교육청 기본계획, 중장기 발전계획, 교육감 인수위원회 백서 등으로 제시할 수 있다.

추진 배경은 관련 주제를 다루게 된 다양한 배경과 맥락을 설명하게 되는데, 기획자의 문제의식과 소양, 학문적 역량, 전문성이 여기서 드러난다. 국가 · 지역 · 학교 상황 등 나름의 층위를 바탕으로 내용을 제시할 수 있다. 예컨대 임용고사 혁신기획안의 경우, 공공 부문과 민간 부문에서 공히 역량 중심으로 인사제도를 바꾸려는 흐름이 있다든지, 4차 산업시대에 맞는 인간상에 대한 요구가 강해지고 있다든지, 교원 양성 – 임용 – 연수 – 승진의 유기적 통합에 의한 혁신 흐름이 요구되고 있다는 등의 근거를 제시할 수 있다.

정책 기획 과정은 사실 그럴듯한 보고서 틀보다 내용이 더욱 중요하다. 그 내용은 정책 기획 이전에 사전 조사 작업에서 결정된다. 담당자가 홀로 책상에 앉아서 주먹구구식으로 고민하여 만든 방안은 현장에 감동을 줄 수 없다. 기획 내용이 공문으로 나간 이후에 현장의 비판을 받고 내용을 수정하는 사례도 적지 않은데, 이 경우 본인의 부담을 넘어 결재를 해준 팀장과 과장, 나아가 조직 전체에 부담을 주게 된다. 따라서 선행연구나 정책보고서 검토는 필수이다. 최근에는 국책연구기관에 워낙 좋은 자료들이 많이 있기 때문에 관련 보고서를 무료로 얻어서 학습할 수 있다.

각종 정책들은 하늘 아래 새로운 것이 없을 정도로 누군가가 앞서서 고민한 흔적들이 적지 않다. 먼저 각종 정책들이 어떤 역사적 변천 과정을 거쳤는지 확인해야 한다. 전임자 면담이라든지 교육주체 면담(FGD, FGI, 집담회)을 잘 활용할 필요가 있다. 필요하면 현장을 방문하고, 앞서서 실천한 타 시·도 교육사례 등을 참고해야 한다. 해외 사례 역시 정책 기획에 좋은 참고 사례가 된다. 이렇게 수집한 자료들은 기획에 적절히 활용함으로써 기획안의 질을 향상시킬 수 있다.

좋은 정책 기획안은 좋은 문제의식에서 출발한다. 그 근거로써 실태 분석과 시사점 도출이 매우 중요하다. 교육 분야에서는 SWOT 분석을 많이 사용하고 있는데, 그것 자체가 목적이 아니다. SWOT 분석을 했으면 강점은 극대화하고, 약점을 최소화하고, 기회를 활용하고, 위기를 극복할 수 있는 방안을 제시해야 한다. 그 방안은 당연히 세부 내용에 반영되어야 한다. 어떤 보고서를 보면 SWOT 분석의 내용과 실제 추진 계획이 유기적으로 연결되지 않은 경우도 적지 않다.

실태 분석은 주로 문제점이 제시될 것이다. 몇 가지 차원의 문제점을 제시했다면 이를 해결하기 위한 나름의 전략을 제시해야 한다. 이때는 교육전문직의 감각에 의해 글을 쓰기보다는 기존 정책연구 보고서 데이터나 연구 결과, 저서, 신문기사 등을 활용하여 근거에 기반한 기획안을 제시할 필요가 있다. 문제점에 기반하여 몇 가지 해법을 제시해야 한다. 연구 용역 활용 전략(예 : 관련 연구 수행), 소통 전략(예 : 주체별 토론회, 집답회, 전문가 포럼 등), 교육청 재량 극대화 전략(예 : 전문직 2차 평가 문항은 자체 출제 검토), 혁신교육 연계 전략(예 : 신규교사 임용 문항 출제 방향을 혁신교육의 실천 내용과 연계) 등으로 제시할 수 있다.

목표는 통상 2~3개 정도 제시를 한다. 정책을 추진하는 데 무엇을 목표로 할 것인가는 매우 중요하다. 목표가 분명하지 않으면 그 방향성이 흐려질 수밖에 없다. 예를 들어 임용고사 실시에 관한 기획 단계에서 목표 설정을 할 때, 임용고사 제도 자체를 교육청 차원에서 바꿀 수 없을 것이다. 그렇다면 교육청 단위에서 가능한 목표를 설정하면 된다. 교육청 단위에서는 2차 임용고사부터 담당하게 되므로 사업의 목표를 2차 임용고사 혁신으로 설정할 수 있다. 범주와 내용 설정이 매우 중요하다. 이는 목표에 반영될 수밖에 없다. 목적, 방침, 세부 추진 계획 등의 각 영역이 유기적으로 연결되어야 한다.

예를 들어, 목적에서 교육과정 다양화를 언급했으면 방침과 세부 추진 계획, 예산, 기대 효과 등에도 관련 내용이 세트로 이어져야 한다. 방침은 사실 없어도 무방하다. 교육청 문서에서는 방침을 포함시키는 경향이 있는데 교육부 문서에서는 방침을 서술하지는 않는다. 세부 계획에서 내용을 포함시켜도 충분하기 때문이다. 다만, 정책 추진의 원칙과 방향을 제시해 준다는 차원에서 독자에게는 도움을 줄 수 있고, 기획자 역시 세부 계획을 세울 때 방침을 고려함으로써 일관된 원칙을 가질 수 있다. 행사성 사업을 지양하겠다든지, 교육과정과 연계하겠다든지, 기존 정책과 통합하여 추진하겠다는 방침이 제시된다면 현장의 호응을 얻을 수 있다.

정책과 사업은 누가, 어떻게, 언제 추진할 것인가에 관한 흐름과 개요가 명시될 필요가 있다. 크게 정책 기획 단계(예비조사), 실행 단계, 피드백 및 환류 단계로 나누어진다. 실행 단계에서는 통상 추진 단위를 먼저 구상한다. 담당자 혼자서 각종 정책과 사업을 감당하기 어렵기 때문이다. 통상 지원단과 추진단을 구성하기도 하고, 별도의 센터를 구축하기도 한다.

정책 실행 방법과 내용이 사실은 핵심이다. 앞서 제시한 추진 전략 내지는 방침을 구체화시켜야 한다. 핵심 내용은 여기에 담겨지는데, 지엽적인 아이디어를 나열하기보다는 핵심 아이템을 가지고 정면 승부를 걸어야 한다. 별도의 정책을 내세우는 방식도 좋지만 기존 정책 내지는 관련 부서의 정책과 연계·협업·통합하는 방식으로 나아간다면 현장의 호응을 높일 수 있고, 정책 간 시너지도 높일 수 있다.

통상적으로 연구시범학교, 공모, 예산, 승진 가산점이라는 정책 도구를 활용하여 정책과 사업을 추진하는 경향이 있는데, 지속가능성과 일반화 가능성 차원으로 볼 때 이러한 도구만으로는 현장을 움직이는 데 한계가 있다는 의견이 지배적이다. 이 방식이 아니라면 운동적 관점을 가지고 사람을 설득하고, 모델링화하고, 자발적 참여를 유도하고, 네트워크를 활용해야 한다. 이러한 방식은 상당한 노력과 시간을 요구한다. 투수가 다양한 구질을 구사해야 하듯이 현장을 견인하고 지원할 수 있는 다양한 방법을 지니고 있어야 한다.

세부 계획을 세울 때 고려할 사항은 다음과 같다.

- 교육과정과 어떻게 연계할 것인가.
- 공감대를 어떻게 형성할 것인가.
- 기존의 실패 사례를 어떻게 해야 반복하지 않을 것인가.
- 이 정책을 함께 추진할 수 있는 단위(그룹)는 준비되어 있는가.
- 연구시범학교, 예산 지원, 공모 방식, 승진 가산점 방식으로 정책의 동력을 얻을 수 있는가. 그 방식 외에 사용할 수 있는 정책 도구는 무엇인가.
- 정책 추진 과정의 어려운 점은 무엇인가. 어떻게 극복할 것인가.
- 정책의 핵심 아이디어와 키워드는 무엇인가.
- 우수사례를 어떻게 발굴하고, 확산시킬 것인가.
- 제도적 개선 사항은 무엇인가.
- 전시성, 행사성 사업이 포함되어 있지 않는가.
- 네트워크를 어디서, 어떻게 구축할 것인가.
- 중장기적 로드맵은 있는가.
- 사람들에게 각인시킬 수 있는 정책과 사업의 네이밍은 무엇으로 할 것인가.
- 홍보 방안은 무엇인가.
- 타 부서와 어떻게 협업할 것인가.
- 기존 정책과 연계하여 효과를 배가할 수 있는 영역은 무엇인가.
- 누가 정책을 모니터링하고, 모니터링한 결과를 어떻게 활용할 것인가.
- 예산 부서, 의회, 시 · 도 의회, 지방자치단체를 대상으로 예산 수립의 필요성과 정당성을 어떤 논리로 설득할 것인가.
- 예산 항목을 어디에, 어떻게 구성할 것인가.

좋은 기획안은 신규 교사나 일반 학부모가 읽어도 이해할 수 있어야 한다. 교육전문직만 해석 가능하거나 어려운 용어들로 가득 차 있으면 좋은 기획안으로 볼 수 없다. 이를 위해서는 기획안을 만들고, 여러 층위의 관계자들과 면담을 해야 한다. 현장 교원이나 학부모, 교육전문가 등을 대상으로 기획안에 대한 검토 과정을 거치게 되면 생각지도 못했던 문제점이나 우려사항이 나온다. 동시에 문제 제기가 있고, 이에 대한 방어 논리를 세우게 된다. 이 과정에서 기획자는 내용을 수정하기도 하고, 일부 내용을 삭제하기도 한다. 때로는 구성 틀을 전면 수정하기도 한다.

특히, 관련 부서 협의회는 필수적으로 거쳐야 한다. 최근 들어 하나의 정책이 타 부서에 미치는 영향이 적지 않다. 개별 부서에서는 시급하고 중요한 사안으로 판단하지만 학교로 보면 몇 십 개의 부서가 보낸 계획안을 받게 된다. 이 과정에서 유사 사업 내지는 중복 사업을 누구보다도 잘 알게 된다. 자기 부서의 사업에만 매몰되면 안 되고, 타 부서가 어떤 사업과 정책을 추진하고 있는가를 들어야 하고, 무엇을 어떻게 연결시키고 협업할 것인가를 사전에 판단하지 않으면 안 된다.

정책을 기획하고 실행하다 보면 잘한 점은 드러내고, 못한 점은 숨기고 싶어 한다. 그런데 정책과 사업은 일몰 사업이 아닌 이상 1년에 그치지 않는다. 법적 근거를 가진 정책과 사업이라면 일정 기간 유지된다. 그렇다면 중장기적인 전망을 가지고 정책을 추진해야 한다. 교육 영역은 특히 중장기적 성격을 지닌다. 이 경우 정책과 사업의 진화가 필요한

데, 이를 위해서는 현장의 목소리를 듣는 과정이 반드시 필요하다. 현장 참여 관찰이라든지, 업무 담당자 인터뷰라든지 설문조사 등을 거쳐야 한다. 본인이 감당하기 어렵다면 정책연구 용역 예산을 확보하여 정책의 성과와 발전 방안을 연구자의 시각으로 정리할 필요가 있다. 최근 교육청에서도 만족도 중심의 성과 정리를 탈피하여 특정 사업에 대한 체계적 평가 시스템을 구축하기도 한다. 이러한 점을 감안하여 1년차, 2년차, 3년차, 4년차에 정책의 초점을 어디에 두고 나갈 것인가를 심도 깊게 고민해야 한다. 통상적으로 연구시범학교 10개에서 50개로 확장하겠다는 식으로 중장기 발전 방안을 수립하는 경향이 있는데, 물량만 조절하는 방식은 진정한 의미의 중장기 발전 방안이라고 보기 어렵다.

좋은 정책 기획안은 결국 발로 써야 한다. 즉, 발품을 팔아야 한다. 충만한 문제의식을 발품으로 승화시킬 때 좋은 정책(사업) 기획안이 나온다. 좋은 정책(사업)은 머무르지 않는다. 학교로, 지역으로, 타 시·도로, 교육부로, 중앙정부로 흘러간다.

아무리 좋은 기획 의도를 가졌다고 해도 공감대를 형성하지 못하면 오해를 사거나 이해관계 당사자로부터 공격을 받을 수 있다. 정책연구진을 통해서 시안을 발표할 수도 있고, 관계자 정책 간담회를 하거나 권역별 공청회를 할 수도 있다. 이러한 과정을 거치지 않으면 밀실행정이라는 비판을 받을 수 있다. 동시에 홍보 전략도 중요해지고 있다. 워낙 많은 정책(사업)이 현장에 쏟아지기 때문에 해당 정책에 대해 그 중요성을 인식하기 어렵다. 그런 점에서 각 주체들로부터 정책에 대한 공감대를 어떻게 얻을 것인가는 정책을 기획하고 실행하는 사람으로서 매우 중요한 숙제가 아닐 수 없다.

근래 들어 전통적인 보도자료 외에 온라인 행사 생중계라든지, SNS를 활용한 카드뉴스 등을 활용하기도 한다. 기존의 토론회나 공청회 방식 외에 타운홀 미팅이라든지 100인 토론회 방식, 테드 방식 등을 활용하여 참여와 소통, 홍보 세 마리의 토끼를 동시에 잡기도 한다.

도교육청이 하라면 무조건 해야 한다?

어느 날, 교육장님과 지역 현안 과제를 논의하는 자리가 있었다. 교육장님이 한 학기 동안 느낀 점을 물으셨다. 나는 우리 교육청의 모든 정책이 이 지역에 최선은 아니라는 생각이 들었다고 말씀드렸다. 그런데 교육장님은 도교육청에서 장학사를 선발해서 지역으로 발령 내는 이유는 도교육청 정책을 어느 지역이든 예외 없이 적용해 달라는 뜻이라고 하면서 장학사 개인의 판단으로 일을 해서는 안 된다고 했다. 교육장님의 말씀에 수긍하면서도, 한편으로는 도교육청이 하라면 무조건 해야 하는가 의문이 들기도 했다.

발령을 받고 한 일주일쯤 지났을까. 지방자치단체로부터 CCTV 통합관제센터 구축과 관련된 공문을 받았다. 내용인즉, 도교육청과 지방자치단체가 대응투자로 우리 지역에 CCTV 통합관제센터를 구축할 예정이니 관내 서비스 희망교를 조사해 달라는 것이었다. 공문을 보내 희망교를 취합해 보니 서너 학교만 신청했고, 조사 결과 그대로 지방자치단체에 보냈다.

그런데 며칠 후 출장 중이었는데 생활인권상담사로부터 도교육청 담당자가 서너 학교만을 위해서 예산을 투자하기는 어렵다고 하며 관내 학교에 다시 홍보해 줄 것을 요청했다는 연락을 받았다. 그래서 생활인권상담사가 관내 학교에 서비스 신청을 독려하는 메시지를 보내기로 했는데, 이번에는 교감 선생님들이 학교 앞에 경찰서에서 설치한 CCTV가 있는데 이 사업을 또 해야 하는 것이냐는 항의성 질문을 해왔다. 그제서야 나는 도교육청과 지방자치단체가 주관하는 사업이라는 것 외에는 아는 것이 거의 없음을 깨달았고, 도교육청 담당자에게 설명회를 하고 학교 협조를 요청하라고 항의했다.

결국 이 사업은 나중에 검토 과정에서 또 다른 문제가 발견되어 결국 없던 일이 되기는 했다. 그런데 누군가는 그 사업이 내 의견이 아닌 다른 이유로 중단되었기에 다행이지, 만약 내 의견에 따라 그 사업이 중단되었는데 사고가 나고 CCTV 통합관제센터가 있었다면 방지할 수 있었다고 한다면 그 책임은 고스란히 교육지원청이 떠안게 되는 것이라고 나무랐다. 게다가 지방자치단체와 관련된 사업인데 협조하지 않으면 향후에는 지방자치단체와의 관계도 어려워질 수 있다고 하며, 교육청 내 협의는 했느냐는 것이었다.

순간 뜨끔했다. 장학사에게 '책임 소재'는 너무 예민한 사항이다. 내 실수가 교육장님과 과장님, 교육지원청 전체의 실수가 된다고 하면 주눅 들지 않을 장학사가 있겠는가. 실제로 당시에 도교육청 담당자는 '○○○ 장학사가 반대한다'가 아니라 '○○ 지역에서 반대한다'고 보고하였다고 한다. 다시 같은 상황에 처하게 되면 과장님과 상의부터 하겠지만 아마도 결론은 학교를 설득하는 쪽이지 않을까 싶다.

4부

교육청 문화, 이대로 괜찮습니까?

장학사의 고민과 교육청 조직문화 개선

"장학사를 하면서 때로는 상처받기도 하고 때로는 성장하기도 했는데, 결론은 기본으로 돌아가 사람 중심의 교육청 문화, 사람 중심의 행정을 해야 한다는 것입니다. 행정을 위한 행정, 규정을 위한 규정, 일을 위한 일…… 이런 것에서 탈피해 현장의 학생과 교사를 위해 모든 것이 움직일 때 교육전문직의 존재 이유가 있다고 생각합니다."

— 교육청 K장학사

1장

교육청 문화, 흔들어 깨우기

아주 재미있게 읽은 책이 있다. 송인혁의 『화난 원숭이들은 모두 어디로 갔을까?』이다. 급기야는 내가 기획한 간부 워크숍에 작가를 모시고 강의까지 듣게 되었다. 간부들께 미리 책을 읽고 참석해 주면 좋겠다고 안내했는데, 이 안내로 인해 나는 많은 사람들로부터 원성을 들어야 했다. 왜냐고? 간부들이 아랫사람들한테 이 책을 읽고 독후감을 제출하라고 했기 때문이다. 그러니 워크숍을 기획한 내게 항의 전화가 오는 거다. 그런데 울며 겨자 먹기로 이 책을 읽었던 주무관들의 솔직한 감상평이 기가 막히다. 이 책의 결론은 상관들의 갑질 관행을 혁신하라는 것이란다. 이 책에 교육청 문화를 생각해 볼 수 있는 원숭이 얘기가 있어 좀 길지만 소개한다.

실험자가 한 무리의 원숭이들이 있는 우리의 천장에 바나나를 줄로 매달아 두었다. 바나나를 본 원숭이들이 그것을 먹으려고 줄을 타고 올라가자 실험자는 호스로 찬물을 뿌렸다. 깜짝 놀란 원숭이들은 물세례를 받고 바닥으로 떨어졌다. 원숭이들은 다시 바나나를 먹으려고 여러 번 시도를 했지만 줄을 탈 때마다 번번이 찬물이 쏟아졌다. 그러자 곧 어떤 원숭이도 줄을 타고 오르려 하지 않았다. 그리고 그 뒤로 원숭이들은 아예 바나나를 따려는 시도를 하지 않게 되었다.
실험자는 우리 안의 원숭이 중 한 마리를 새로운 원숭이로 교체했다. 천장에 매달려 있는 바나나를 본 신참 원숭이는 눈을 반짝이며 줄을 타고 올라가려고 했다. 그러자 안에 있는 고참 원숭이들이 버럭 화를 내며 신참 원숭이를 제지했다. 신참이 올라가서 바나나를 건드리면 자기들까지 찬물을 뒤집어쓰게 될 것이기 때문이다. 이렇게 고참 원숭이들의 불같은 성화에 위축된 신참 원숭이는 더 이상 줄을 타고 오르려는 시도를 하지 않게 되었다. 그럴 때마다 실험자는 우리 안의 원숭이를 한 마리씩 교체했고, 결국 우리 안에는 직접 찬물 세례를 받은 원숭이가 한 마리도 남지 않게 되었다. 그러나 여전히 어떤 원숭이도 바나나를 따 먹으려 하지 않았다. 이제는 아무도 그 이유를 모르면서도, 어느새 원숭이들에게 바나나는 따 먹으면 안 되는 대상이 된 것이다.

— 게리 하멜과 C. K. 프라할라드 교수의 논문에 소개된 화난 원숭이 실험

'화난 원숭이'와 상반되는 또 다른 원숭이 이야기가 있다. 1952년 일본 미야자키 현의 고지마 섬에서 있었던 일로, 영장류를 연구하던 과학자들이 이 섬에

살고 있는 원숭이들에게 먹이로 고구마와 밀을 제공했다. 원숭이들은 과학자들이 준 고구마에 묻어 있는 모래를 손으로 털어서 먹었다. 반면에 모래를 골라내기 어려웠던 밀은 쉽게 먹지 못했다. 그러던 어느 날 1953년 9월 '이모'라는 이름의 18개월짜리 암컷 마카카 종 짧은꼬리원숭이가 숲에서 바다로 흘러들어가는 작은 시내에서 고구마를 씻어 먹는 장면이 관찰되었다. 3개월이 지나자 이모의 두 친구와 이모의 어미도 고구마를 씻어 먹었고, 5년이 지나자 섬의 원숭이들 대부분이 고구마를 물에 씻어 먹게 되었다.

이모의 혁신적인 행동은 여기서 그치지 않았다. 1956년에는 모래가 섞여 있는 밀을 물에 던져 넣어 먼저 가라앉는 모래를 제거해서 먹었고, 마찬가지로 다른 원숭이들도 곧 이러한 방법을 따라 하기에 이르렀다. 이후 고지마 섬은 유명한 관광지가 되었고, 원숭이들은 관광객이 주는 흙이 묻지 않은 고구마를 받아 먹게 되었는데, 이 원숭이들은 지금도 고구마를 바닷물에 담갔다가 먹는다. 중요한 점은 나이가 든 원숭이들은 끝까지 고구마를 씻어 먹지 않았다는 사실이다.

어린 이모의 행동은 그저 돌발적인 새로운 시도로 그칠 수도 있었지만 이모의 시도를 목격한 친구와 가족이 함께 참여하기 시작하면서 조직 사회의 문화를 바꾸는 혁신으로 변모한 것이다. 이모는 조직의 리더도 아니었다. 핵심은 이모의 행동에 호기심을 느낀 '인접한 관계의 원숭이들'이 이모의 행동을 따라 하게 되었다는 점이다. 그리고 그 개체 수가 100마리를 넘기 시작하면 더 이상 변화는 되돌릴 수 없게 된다. 100마리째 원숭이의 혁신이 일어나는 것이다.

— 어린 원숭이 이모의 혁신

원숭이도 이럴진대 교육청 교육전문직으로 조직 생활을 하는 우리들은 어떨까? 우리는 문화적 진공 상태가 아닌 문화를 호흡하며 살아간다. 문화는 사람이 만들지만 문화 역시 사람을 길들인다. 어쩌면 우리는 문화의 포로일지도 모른다.

개인에게 습관이 있다면 집단에게는 관행이 있다. 습관은 개인에게 있어 가장 편한 상태로 고착화된 것이다. 관행 역시 집단에게 자연스럽게 화석화된 것이다. 개인의 질환 대부분이 잘못된 생활 습관에서 비롯되었듯이, 교육청의 병폐도 관행, 의전 등과 같은 잘못된 문화에서 유발되었다. 그러나 이런 문화에 대해 근본적인 문제를 제기하며 깨치고 혁신하기는 쉽지 않다. 밥 먹을 때 왜 수저를 사용해야 하는지 심각하게 고민하는 사람이 없듯이 말이다. 그래서 문화가 무섭다는 생각이 든다.

우리 교육청 문화는 어떨까? 어린 원숭이 이모와 같은 사람들이 형성한 좋은 문화를 갖고 있는가? 아니면 구태의연한 관행 속에서 모두들 화난 원숭이처럼 생활하는 건 아닐까? 문득 프랑스 시인 폴 발레리(Paul Valery)의 '생각한 대로 살지 않으면 사는 대로 생각하게 된다.'는 말이 떠오른다. 불행히도 우리는 좋은 교육청 문화를 생성하거나 유지하지 못하고 있는 듯하다. 한물 간 유행어 중에 '~스럽다'라는 말이 있는데, 누군가 '교육청스럽다'는 말을 만들면 학교 현장의 구성원들은 교육청의 부정적인 면을 가장 먼저 떠올릴 것이다. '교육청스러움'은 관료주의에 기대어 학교 현장의 요구에 부응하지 못하는 특유의 관행과 제도, 문화를 비꼬는 말이 될 것이다. 한 철학자는 '인간은 생각하는 존재가 아니라, 생각해야만 하는 존재'라고 말했다. 무뎌진 의식에서 답답한 제도가 만들어진다. 무뎌진 의식은 나쁜 제도가 기생하는 숙주(宿主)이다.

우스갯소리지만 변화와 혁신을 가로막는 3대 말이 있다고 한다. "규정에 없습니다." "관례가 없습니다." "예산이 없습니다."이다. 여기에 영화 〈도가니〉에 나오는 장학사의 말인 "제 소관이 아닙니다."까지 덧붙일 수 있다. 할 말이 없을 땐 "네, 중장기적으로 검토하겠습니다."라는 말로 대충 넘어갈 수도 있다.

처음에는 어색하지만 나중에는 아주 익숙하게 다가오는 교육청 문화! 좋지 않은 문화에 편안해지는 것은 '적응'이 아니라 '순응'이다. 오히려 불편한 마음을 가져야 한다. 가끔씩은 낯설게 보고, 잠자고 있는 교육청 문화를 흔들어 깨워야 한다. 교육청 문화에 대한 근본적(Radical)인 질문을 던져 봐야 한다. 다음 글은 교육청 사람들을 겨냥해서 쓴 것은 아닐 테지만, 장학사인 나는 왜 이리 뜨끔한지 모르겠다.

> 당신들은 뒤처져 있습니다. 지나치게 보수적입니다. 같이 일하기 어렵고, 너무 느리고 힘듭니다. 다른 곳에서 변화가 일어나 더 이상 거부하지 못할 때가 되어서야 변화를 받아들입니다. 고집 센 당나귀처럼 네 발로 버티다 코뚜레를 꿴 고삐를 힘껏 끌어당겨 어쩔 수 없을 때가 되어서야 겨우 끌려옵니다. 매번 그렇습니다. 한 번도 먼저 조치하지 않습니다. 그게 뭘 말하는지 압니까? 그게 바로 낙후예요.
>
> — 구본형 외, 아름다운 혁명 공익 비즈니스

사실 구시대적이라 지적되는 문화도 그 시대에는 괜찮은 문화였을 확률이 높다. 예전의 아름다운 문화가 지금에 와서 구시대적 관행이라고 지탄받는 이유 중의 하나는, 현 시대에 맞는 문화적 조옮김이 되지 않았기 때문이다. 음악적 조옮김에서 보면 선율과 화음은 똑같이 남아 있다. 조만 바꾸었을 뿐이다. 예전에 꼭 맞던 형식과 문화라도 새 시대에는 문화적 조옮김을 통해 새롭게 탄생되어야 한다.

교육청 문화를 개선하기 위한 시작은 문제되는 교육청 문화를 논의의 도마 위에 올려놓는 일이다. 앞에서 언급했듯이 교육청 문화는 오랜 역사적 · 문화적 상태에서 서서히 고착화된 것이며, 이제는 일상화되고 당연시되어서 구성원들은 논의의 대상이 될 필요성을 느끼지 못하는 현실이다. 따라서 비합리적이고 구시대적인 교육청 문화의 면면을 흔들어 깨우는 작업이 선행되어야 한다.

그럼 교육청 문화를 진단하고 개선하기 위해 몇 가지 질문을 던져 보겠다. 이와 같은 질문은 지속적으로 생성해야 한다. 그리고 끊임없이 물고 늘어져야 한다.

관료주의와 의전

교육청은 행정기관이고, 거대한 관료 조직이다. 관료 조직은 쉽게 변하지 않는다. 한두 명이 바뀐다고 조직이 흔들리지 않는다. 그러다 보니 장학사는 사적인 감정을 최대한 억누르고 살 수밖에 없는 조직의 일원으로 살아가고 있다.

교육청에서 장학사로 있으면서 가장 답답했던 점은 자신의 일을 치고 나가기 힘든 교육청의 문화와 구조였다. 인사조직 전문가 최동석 교수는 저서 『똑똑한 사람들의 멍청한 짓 : 최악의 의사결정을 반복하는 한국의 관료들』에서 시스템이 똑똑한 사람들을 무능하게 만든다고 비판하는데, 교육청이 딱 그러하다. 교육청의 장학사들은 분명 똑똑한 사람들이다. 그러나 똑똑한 사람을 앉혀 놓아도 멍청하게 일을 하게 만드는 제도와 문화 속에서 하루하루 매몰되어 가고 있다.

우리의 교육청 문화와 구조 속에서 장학사는 항상 상관의 얼굴을 쳐다보고, 학교 현장에는 엉덩이만 보여야 할 상황이다. 최초 기획안은 상관에게 올라가면 누더기가 되고 만다. 처음 의도는 서쪽으로 가려고 했으나 나중에는 동쪽으로 가는 경우도 생긴다. 이런 상황이 몇 번 반복되면 상관의 의중을 살펴 기안을 하게 되고, 무사통과되기만을 바란다. 일의 본질은 사라지고 점점 영혼 없는 공무원으로 살아가는, 아니 버텨 가는 자신을 보게 된다.

이는 품의제도가 만든 병폐라고 할 수 있다. 기획안에 대한 책임은 결재 라인에 있는 모든 사람이 지는 것 같지만, 실제로는 어느 누구 하나 책임지지 않는 구조이다. 정책 실명제가 먹혀들기 힘든 상황이다. 어느 곳이나 주체성을 잃은 수동적 존재는 살아가기 힘들다. 우리의 모습은 '그럭저럭 견딜 만한 노예생활'이 딱 들어맞는 말이다. 이는 교육청 업무에 자신의 인생을 걸고 '속 후련하게' 살아가는 장학사들이 적다는 말이다. 오죽하면 장학사들이 '이 또한 지나가리라'를 중얼거리면서 살겠는가.

"수평적 구조에서 활발한 의사소통이 일어나지 않고, 상명하복을 유도하는 관계로 인하여 수직적 구조가 견고하게 유지되고 있음을 느낍니다. 이는 조직에서 소통을 저해하는 요소이며, 다른 생각은 받아들이는 것을 어려워하는 환경을 구축합니다. 조직을 유연하지 못하게 하는 요소라 생각해요. 상급자 승진 시, 업무 효율성이 주요한 요소인 부분에 대한 고려가 필요합니다."

— 교육지원청 K장학사

교육청에서 근무하다 보니 눈에 특히 들어오는 것이 있다. 바로 '의전'이다. 의전의 사전적 뜻은 '행사를 치르는 일정한 법식'이라고 나와 있다. 그러나 실질적인 의전은 행사 그 자체보다는 행사에 참석하는 높은 분들에 대한 예우에 집중하는 경향이 있다. 문제는 이런 의전이 거의 다 '암묵지(暗黙知)'라는 데 있다. 한마디로 잘 알아서 해야 한다는 뜻이다. 보통 행사와 더불어 의전은 잘해야 본전이라는 말을 한다. 하지만 한번 망치면 박살이 날 각오를 해야 한다. 그러니 장학사들이 의전 문제만 나오면 골머리를 앓게 되는 것이다.

의전을 잘하려면 의전에 대한 암묵지에 능통해야 한다. 하지만 더 중요한 것은 눈치이다. 상황에 따라, 예우를 받는 사람의 성향에 따라 조금씩 다르기 때문이다. 인간관계가 중요한 우리나라에서 승승장구하는 사람들은 눈치 기제가 상당히 발달한 사람들이다. 특히 위계적 질서가 분명한 관료 사회에서는 더 그럴 것이다. 다 그렇지는 않겠지만 체면 구겨지는 상황을 못 참는 높은 분들도 굉장히 많이 있다. 친구 사이인 군

수와 군의원이 의전 때문에 단상에서 폭력까지 행사한 적도 있었다.

의전은 단순히 행사에만 국한되지 않는다. 일상에도 의전은 따라붙는다. 식사할 때, 차를 탈 때, 회식에서도, 협의회 때도 온통 의전 문제에 신경을 곤두세워야 한다. 그러니 의전을 챙기는 아랫사람들은 금방 피곤해진다. 의전이 강하게 작동되는 곳에서는 자유로운 분위기가 형성되지 못하고, 당연히 창의적인 발상이나 의견이 나올 리 없다. 지나친 의전은 구성원의 에너지를 분산시키고 본질을 약화시키기 때문이다. 특히 창의적인 기획과 실질적인 업무 추진에 악영향을 준다.

사람이 살아가는 데 의전, 의례, 예의 등은 당연히 필요하다. 그러나 우리나라를 비롯해서 교육청에서 행해지고 있는 의전은 너무 심하다. 그럼에도 아랫사람들은 그 의전을 깨기 힘들다. 그야말로 예우를 받아야 할 높은 분들이 마음을 새롭게 해야 할 필요가 있다. 의전은 직을 통해 발생하는 권세와 권위의식에 대한 반응일 뿐, 그렇게 목맬 필요도 없는 격식이다. 오히려 의전을 개발해야 할 부문도 있다. 바로 학생과 학부모에 대한 예우를 담은 의전 말이다. 교육청만이라도 간소한 의전을 지향하는 구체적 가이드 라인이 있어야 할 것이다. 그래서 의전의 수위 조절과 방식에 관한 밑도 끝도 없는 고민으로 장학사들이 골치를 썩는 일이 없었으면 좋겠다.

"교육전문직에 합격하고 교육부 연수를 받는데 '의전'이라는 과정이 있었어요. 당황스러웠고 받아들여야 하는 문화인가 의구심을 가졌습니다. 교육지원청에서 근무할 때 선배 장학사들이 의전하는 모습을 보면서 '저렇게까지 해야 하나' 싶기도 했고요. 그런데 어느새 저도 동화되어 있더군요. 수행할 때 운전하는 것은 물론이고, 차 문 열어드리는 것도 당연하게 생각하게 되었거든요. 나이 먹으면서 제일 먼저 버려야 할 게 대접받으려고 하는 거라는데, 윗분들은 관료주의 체제에서 대접받고 싶어서 장학관, 교육장이 되셨나 하는 생각마저 들었어요."

— 교육지원청 H장학사

실적주의

꽃이 피는 곳에 열매가 맺히기 마련이다. 그럼 교육정책의 꽃은 어디에서 피어야 할까? 열매는 누가 가져가야 할까? 교육정책의 꽃은 당연히 학교 현장에서 피어야 한다. 열매 역시 학교에서 맺혀야 하고, 과실은 학생들이 따먹어야 한다. 학생과 교사의 배움의 장인 학교에서 꽃이 피고 열매가 맺혀야 한다.

그런데 교육정책의 꽃이 종종 교육청에서 피는 걸 볼 수 있다. 참으로 어이없고 웃기는 일이 아닐 수 없다. 교육청에서 꽃이 만발하였다고 가보면 영락없이 가짜 꽃이다. 문제는 그 가짜 꽃이 진짜 꽃보다 더 진짜 같은 가짜 꽃이라는 거다. 대표적인 예가 교육청에서 벌이는 전시성 행사나, 시·도 교육청 평가 실적을 위해 학교를 쥐어짜서 우수등급을 받고 자축하는 것이라 할 수 있다.

왜 이런 일이 생기는 걸까? 가장 큰 이유는 교육청이 자신이 없고 조급증에 시달리기 때문이다. 교육정책의 꽃과 열매는 사업 및 연수 횟수,

참여도, 시험 성적 등 소위 말해서 평가지표 수치로 나타나는 것이 아니다. 교육부에서 실시하는 시·도 교육청 평가 결과를 누가 신뢰할까? 시·도 교육청에서 실시하는 교육지원청 평가도 마찬가지이다. 평가를 하려는 의도는 잘 알겠지만, 눈에 잘 보이지 않는 것을 눈에 보이게 하려는 과정에서 평가의 선한 목적보다 폐해가 더 커진다는 걸 잘 알 것이다. 평가에 따른 목적전도 현상까지 나타난다.

교육정책의 진짜 꽃과 열매는 학생들 그 자체이다. 평가지표상의 실적이 아니라 학생들의 성장이야말로 귀한 꽃과 열매라는 걸 다들 잘 알지 않는가? 그것도 한두 해가 아니라 아주 오랜 기간 정성을 다해 길러내야 하는 '백년지대계'인 교육에서, 눈에 보이는 실적을 외치는 일이 많으면 많을수록 교육청 문화는 왜곡될 수밖에 없다.

교육청이 아닌 학교에서 꽃이 피고 열매를 맺게 하려면 교육청의 일하는 모습과 자세부터 바뀌어야 한다. 나무에 비유하자면 교육청은 뿌리나 줄기 역할을 담당해야 한다. 교육청이 진정 학생 성장에 관심이 많다면 폼 나는 큰 행사보다 학교교육에 대한 정밀하고 심층적인 진단과 분석, 모니터링, 지속적인 학교 현장과의 대화 등에 주력해야 한다. 때로는 교육정책을 과감히 수정하거나 포기하는 일도 필요하다. 그러나 현실은 수정 공문 하나 보내는 것도 극도로 꺼려한다.

교육청이 일하는 모습과 자세를 바꾸면 교육청에서는 분명 꽃이 피지 않을 것이다. 당연히 시·도 교육청 평가에서도 좋은 점수를 받지 못할 것이다.[26] 그렇지만 학생들의 배움의 장에서 꽃이 활짝 피게 하는 거름 역할을 충실히 할 수 있다는 건 분명하다.

학교에서 교육청에 대한 가장 큰 불만이 뭔지 아는가? 짐작하겠지만, 교육청이 너무 많은 일을 해서 학교는 몸살을 앓고 있다는 것이다. 학교 현장에서 느끼는 교육청의 문제점[27]을 설문 조사한 결과에서도 알 수 있다. 경기도교육청에서 운영하는 공문 분석단의 조사에 의하면, 1년 동안 교육부에서 경기도교육청으로 보내는 공문이 8천 건 정도이고 그중 4천 건 이상이 학교로 내려가고 있다. 학교가 1년 동안 접수하는 공문은 대략 1만 5천 건이다. 학교가 생산하는 공문은 연간 1만 7천 건 정도이고, 학교가 상부기관 지시로 발송하는 공문이 4천 건 정도이다.

이런 상황이다 보니 교직 사회에서는 공문을 불필요한 악으로 규정하는 기류가 생겼다. 관료체제에서 공문은 가장 빠르고 중요한 의사소통의 수단이다. 공문을 무작정 줄이는 것이 능사는 아니다. 일명 좋은 공문을 생산하고 악성 공문은 남발하지 말아야 한다. 하지만 누가 봐도 심

---

26 2015년 6월 좋은교사운동에서 개최한 '학교 현장을 지원하는 교육청, 어떻게 만들 것인가'에서 교육청의 관료주의 문화 개선 체감을 교사들에게 설문 조사했다. 전북교육청은 89.6점으로 1위, 대구교육청은 51점으로 최하위였다. 그러나 교육부의 시 · 도 교육청 평가는 정반대 결과로 대구교육청이 89.95로 1위를 차지했고, 전북교육청은 67.16으로 최하위를 기록했다.

27 앞의 좋은교사운동의 설문 조사 결과, '교육청의 문제점 중에서 매우 심각하다고 인식하는 것은 어떤 것인가?' 하는 질문에 전체의 73%가 불필요한 정책 사업이 많다는 것을 지적하였다. 2위는 59%로 교육청의 관료주의(불필요한 형식이나 절차), 3위는 35%로 학교가 필요로 하는 지원 기능의 미흡, 4위는 32%로 학교에 대한 규제(교육과정이나 예산에 대한 통제), 5위는 28%로 인사 시스템의 불공정성(장학사 선발, 교장 임용, 평가 및 포상 등), 예산과 관련한 비리 문제에 대한 문제 의식은 10%로 상대적으로 낮았다.

할 정도로 많다고 생각하지 않나? 개인적으로 1년 동안 학교는 몇 개의 설문 조사를 하는지 궁금했다. 조사 결과, 어떤 중학교는 92개나 했다. 도교육청에서 학교로 내려보내는 부서별 기본 계획만 모아 보니 3천 쪽이 넘어간다. 각 부서에서 학교에 구성하라고 지시하는 위원회 또는 협의체만도 무려 40개나 된다. 부서별로 결재를 했던 교육국장도 이 사실을 알고 깜짝 놀랐다고 한다.[28] 학교에서 꼼꼼하게 읽어 보았을 거라고 기대하는 것은 무리이다. 학교는 살아 있는 유기체로 봐야 한다. 아무리 좋은 것도 이렇게 융단폭격을 일삼으면 제 기능을 상실하고 만다.

그럼 교육청에서는 왜 이렇게 많은 일을 할까? 가장 큰 이유는 각 부서의 존재를 사업으로 증명하려고 애쓰기 때문이다. 부서별 사업은 '자기 증식'을 하게 되어 있다. 앞에서 언급한 교육청의 존재 이유를 망각한 채, 즉 학교는 생각하지 않고 자기 부서, 자신의 업무만 생각하기 때문이다. 업무 담당자별로 각자의 부서, 각자의 업무가 최고의 성과를 내야 한다는 부담 또는 신념으로 만들어내는 업무는 고스란히 학교 현장에 전해진다. 학교는 모든 업무를 수용할 수 있는 블랙홀이 아니다. 하지만 지금까지는 공문을 아무리 많이 내려도 학교에서는 신기하게도 척척 받아내고 보고했다. 이런 현상이 바로 하그리브스(Andy Hargreaves)가 말한 "가장된 협력"의 모습이다. 거짓된 서류로 협력하게 만들고, 하는 척하는 '의태 전략'이 난무하는 과정에서 학교는 더 이상 '존재 프레임'이 아

---

28 2013년도에 분석한 것으로서 그 후 이 부분에 대해 많은 노력을 해서 상황이 많이 좋아졌다.

닌 '생존 프레임'으로 작동하게 된다. 서글픈 현실이 아닐 수 없다. 이런 상황에서 장학사들이 존재론적인 삶을 살기란 참으로 어렵다.

과다한 업무와 민원

교사라는 정체성을 갖고 십여 년을 살다가 장학사로 전직한 후 직무수행을 할 때 많은 고초를 겪는다. 먼저, 군대와 같은 위계서열의 교육청 문화에서 어찌할 바를 모를 때가 많다. 층층시하의 관료체제에서 누구 하나 친절하게 알려주는 사람도 없다. 결국 눈치 기제만 발달할 뿐이다. 장학사들은 이중적이고 모순적인 대우를 받는다. 업무와 책임은 1인 기업체처럼 처리하기를 원하지만, 막상 대우는 말단 공무원 취급이다.

대부분의 장학사들은 연일 이어지는 과로로 녹초가 되곤 한다. 이런 증상을 당연하게 여기는 풍토도 있다. 5년 정도 견디면 교감으로 전직하지 않느냐는 것이다. 그래서 장학사들은 전력 질주하기를 요구받으며 100미터 경주하듯이 달린다. 그에 반해 일반행정직은 페이스를 조절하며 장거리 뛰듯 하거나 걸어 다닌다. 물론 이런 주장은 성급한 일반화의 오류일 수 있지만, 많은 장학사들의 일반적인 생각인 것은 분명하다.

> "교육청에 와서 보니 교육전문직의 업무가 과중하더군요. 때로는 '업무' 교육전문직인가 하는 생각이 들 때도 있었습니다. 일하는 방식에서 아쉬움을 느꼈던 것은 자기 업무 외에는 무관심하거나 무관심하도록 업무 쪼개기와 분리의 문제가 있었습니다. 업무를 기능적으로 수행하다 보니 교육전문직 전문성보다는 행정

기능을 우선시하는 모습이 나타났고요. 현장과 소통하기보다는 주어진 업무와 그 업무의 규정에 충실히 따르는 일종의 보신주의 모습을 가끔 볼 수 있었어요."

— L교장(도장학관 역임)

업무가 과중하다 보니 그로 인해 연구하거나 기획할 시간이 없고, 교육전문직 본연의 업무에 집중하지 못한다.

"제가 옆에서 지켜보니 너무 바쁘시더군요. 저녁이 없는 삶을 보며 한켠에는 짠하게 느꼈습니다. 고유의 전문성을 쌓을 수 있는 시간이 없어요. 낮에는 민원 전화, 밤에는 업무 처리로 바쁘게 살다 보니 연구할 시간이 없는 거죠. 연구하고 기획하는 시간이 없다 보니 많은 아쉬움이 있습니다. 승진의 통로로 생각하기 때문에 교육전문직 고유의 역할과 임무를 발휘하겠다는 분은 소수인 듯해요. 정책 연구와 기획을 해봐야 일만 많아지고 책임져야 하니깐요."

— 교육연구원 L연구위원

장학사는 학생을 대상으로 수업을 하지 않는다. 대신 행정업무를 하는데 그중 대표적인 것이 민원 처리이다. 관내 많은 학교로부터 다양한 민원을 받는다. 그런데 민원이라는 것이 그들에게는 스트레스로 작용하기도 한다. 민원 자체가 나쁘다고 할 수는 없지만, 해결해 줄 수 없는 일들이나 감정 섞인 민원도 많기 때문이다. 전화 상담원처럼 하루 종일 민원 전화를 받고 있자면, 장학사가 감정노동자라는 게 실감이 난다. 물론 민원이 다 나쁘다고 보지는 않는다. 민원으로 인해 한 걸음 더 성장해 나갈 수 있는 계기가 마련되기도 한다. 다른 이의 시각을 배울 수 있는 기회이기 때문이다. 한 해 한 해 지날수록 노하우는 쌓여 간다. 노련한 장학사는 하루아침에 만들어지지 않는다.

"장학사에게 민원은 항상 있기 마련입니다. 개인적으로 민원이 그리 많지 않은 업무(교육과정)를 맡고 있기는 하지만, 쓰라린 민원의 추억은 있지요. 도교육청 들어오자마자 9시 등교를 맡아 난생 처음 통학버스 조합 시위대에 맞서 보았고, 노사 협상에 참여해 보기도 하였습니다. 당시 국민신문고를 200건 가까이 처리한 것 같아요. 전화로 갖은 수난을 당하기도 했죠. 그때는 화가 나고 같이 맞서 싸우고 싶기도 하였지만, 오죽하면 그럴까 하는 마음에 참고 또 참았던 것 같습니다."

— 교육청 S장학사

"민원이 힘들기는 하지만 교사, 학부모들을 지원하는 관점에서 생각하면 장학사의 존재 이유 중 하나라고 생각합니다. 대한민국에 사는 사람들 모두가 힘든 시기를 살아가고 있잖아요. 그래서 서로의 위로와 격려가 절실한 때이기도 하고요. 바빠 죽겠는데 민원인 얘기를 장시간 듣고 있어야 할 때는 화가 올라오는 걸 느끼기도 하지만, 이를 알아차리고 끝까지 친절하려고 노력하면서 스스로 성숙해지는 제 자신을 발견합니다."

— 교육청 L장학사

일반행정직과의 관계

출신 성분이 다르다는 이야기가 있다. 장학사는 최소 10년 이상의 교사 경력을 가지고 있다. 평균적으로 대개 15~20년가량이다. 교사생활에 익숙한 이들은 행정이 서툴고 조직문화에도 익숙하지 않다. 일반행정직은 시작부터가 행정공무원이다. 행정은 잘 알지만 교사생활을 해보지 않았기 때문에 학교 현장은 부분적으로만 안다. 일반행정직과 장학사들의 갈등은 표면적으로 드러나지는 않지만 교육청 내·외부에서 심심치 않게 목격할 수 있다. 이러한 구조가 언제까지 이어질지는 미지수다. 이 구조 속에서 획기적인 변화의 흐름을 찾기는 어렵다.

"교사일 때는 행정실에 근무하는 일반행정직과 잘 지내는 교사들 중에 한 명이었어요. 교육지원청에서 근무할 때도 파트너십을 가지고 서로 협업하며 잘 지냈죠. 교육청에서 교육전문직은 잠깐 머물다 간다는 인식이 일반행정직 사이에서 팽배해 있어서 그런지 은근히 장학사들을 쉽게 보기도 합니다. 6급 일반행정직들은 장학사를 같은 직급이라고 생각하고 함부로 하는 경향이 있어요. 일반행정직 5급에게는 깍듯하게 위계질서에 승복하면서 스승뻘 되는 장학사에게는 은근히 함부로 하고, 그걸 또 그들 문화에서 자랑 삼아 얘기하기도 하고. 교육청에서 서로 협업해야 하는 파트너임에도 불구하고 일반행정직의 경직된 관료주의와 수직문화의 폐해를 장학사에게 푼다는 느낌이 들기도 해요."

— 교육청 K장학사

"일반행정직과의 관계는 물과 기름 같이 이해할 수 없는 구조인 것 같아요. 교사로서 20년 내외의 경험은 어디 가고 일반행정직 6급 상당 대우로 일반행정직 공무원과의 위계조절이 시급해요. 이원화된 구조 안에서 받는 폐해는 이루 말로 할 수 없습니다. 소방관, 경찰관은 모두 일원화된 조직이어서 경찰관, 소방관이 행정보직을 하잖아요. 우리 교직도 교사가 교육행정을 하는 일원화된 조직체계였으면 좋겠다는 생각이 들어요."

— 교육지원청 K장학사

2장

희망을 노래하기

누가 먼저 변해야 할까?

교육청 문화를 바꾸기 위해서는 누가 먼저 변해야 할까? 흔히들 학교혁신을 하려면 교장 선생님이 먼저 변해야 한다고 주장한다. 맞는 말 같기는 한데, 나는 이 말에 쉽게 동의하지 않는다. 변하기 싫어하는 사람들이 남 탓 할 때 자주 사용하는 논리 같아서 그렇다.

변하는 데에는 순서를 정할 필요가 없다고 생각한다. 문제의식을 갖고 먼저 각성한 사람이 변해야 하는 것 아닌가? '변한다'는 의미는 각성한 사람들이 문제를 합리적으로 제기하고 실천까지 이끌어 내야 하는 이중고를 감수하는 것이다. 물론 교육청에서 가장 영향력이 큰 교육감이 앞장서면 더할 나위 없이 좋겠다. '모범이 곧 리더십'이라고, 교육감의 솔선수범은 파급 효과가 엄청날 것이라고 생각한다. 그렇다고 해서 교육감이 제일 먼저 변해야 한다고 순서를 정할 일은 아니라고 본다.

솔직한 심정으로는 교육부와 교육청의 윗분들이 먼저 변했으면 좋겠다. 그리고 학교보다 먼저 교육청과 교육부가 변했으면 좋겠다. 중국 국가주석 시진핑(習近平)의 가훈으로도 알려져 있는 '기소불욕 물시어인(己所不欲 勿施於人)'이란 말이 있다. 한마디로 내가 하기 싫은 일은 남에게도 시키지 말라는 뜻이다. 서양 사람들도 이를 인간관계의 황금률로 보고 있다.

교육정책을 다루다 보면 정책에 국외자적(局外者的) 자세를 취하는 경우를 보게 된다. 즉 정책을 통해 학교에 일어나기를 바라는 변화는 자기 자신과는 무관하다는 태도 말이다. 일종의 고정관념이자 유체이탈, 예외의 오류를 범하는 셈이다. 교육청은 비민주적이면서 학교는 민주적이길 바라고, 교육청은 의사소통 잘 못하면서 학교는 의사소통이 잘되길 바라는 것은 어불성설이다. 교육청이 지극히 당위론적인, 소위 말해서 좋은 말만 하는 곳이 아니길 바란다.

교육청 문화 개선을 위한 조건은 무엇일까?

교육청의 문화를 개선해야 한다는 사실은 오래전부터 제기되어 온 해묵은 과제이다. 이를 위해서는 '정책 지렛대(policy leverage)'를 찾아야 한다. 정책 지렛대란, 제한된 정책 자원을 조금만 투입하면 큰 정책 효과를 낼 수 있는 '정책 개입 지점(policy interruption point)'을 의미한다. 다른 말로 교육청 문화를 혁신하기 위한 '혈'을 찾아야 하는 것이다. 정책 지렛대는 많이 있을 걸로 생각한다. 다음 3가지를 제안하고자 한다.

첫째, 교육청 구성원들에게 인사 신호의 방향을 분명히 했으면 한다. 구체적으로 살펴보겠다. 교육장, 장학관은 누구를 쳐다보고 있는지 유심히 관찰할 필요가 있다. 교육감은 분명 학생 · 학부모 · 교사 등 학교 현장 구성원들을 바라보고 있을 것이다. 그런데 교육감이 임명한 교육장, 장학관은 자신을 임명한 교육감만 바라보는 경향이 있다. 교육감이 임명한 사람들은 물론이고, 교육청 구성원 모두는 교육감이 바라보는 사람들을 향해 함께 바라봐야 하지 않을까? 교육감은 앞을 보고 있는데, 교육청 구성원들은 뒤돌아서서 교육감만 바라보면 교육감 시야를 가리는 형국이 발생한다. 앞에서 제기한 많은 문제가 교육청 구성원들이 학교 현장을 바라보지 않고 윗분들을 바라보기 때문에 생기는 일이 많다. 교육감만 바라보는 사람들은 인사하지 말아야 한다. 이를 위해서 교육청 인사는 평가와 평판을 함께 묻는 구조여야 한다. 평판은 하루아침에 만들어지는 것이 아니다. 어떤 사람에 대한 평판을 알기 위해서는 당연히 교육감이 바라보는 사람들에게 물어봐야 할 것이다.

둘째, 개인과 조직의 노력을 학생 성장과 밀접하게 연결시켜야 한다. 즉 교육청 구성원들 각자의 성공을 위한 노력이 자신이 속한 부서의 성공임과 동시에 결국은 학생들에게 열매로 맺힐 수 있는 체제를 마련해야 한다. 예를 들면 교육청 구성원들의 승진에 대한 열에너지를 학생 성장을 위한 동력으로 결부시켜야 한다. 그렇지 않으면 행정을 위한 동력으로만 허비된다. 이를 위해서는 교육청의 정책(사업)이 학생 중심, 현장 중심으로 밀착되어 있어야 한다. 그래야 교육청 구성원들의 합리적 이기성에 토대를 둔 모든 행위들이 학생들의 성장과 결부되는 선순환 과정을 갖게 된다. 물론 교육적인 동기와 자발적인 열정으로 진취적인 삶을 살아가는 분들은 이 관점을 탐탁지 않게 생각할 것이다. 문제는 이런 분들은 늘 소수라는 것이다. 내가 말하는 선순환 과정에 대한 관점은 애덤 스미스(Adam Smith)의 『국부론』과 비슷하다고 볼 수 있다.

> 양조장 주인, 빵가게 주인, 정육점 주인이 먹거리를 제공하는 것은 여러분, 곧 고객을 위해서가 아니라 자기 자신을 위해서이다. 공급자는 단지 자신의 이익을 고려하며, 비록 자신의 의도는 아닐지라도 소비자인 여러분에게 봉사하는 보이지 않는 손에 의해 이끌린다. 공급자가 당신에게 봉사하기를 원하지 않는다는 것이 항상 해로운 것은 아니다. 공급자가 자신의 목표를 추구하는 것이 오히려 여러분에게 이익을 주려고 의식적으로 노력할 때보다 종종 더 나은 봉사를 낳기 때문이다. 고객을 위한다고 주장하는 사람들이 오히려 그보다 나은 봉사를 하지 못한다.
>
> — 구본형, 코리아니티 경영

마지막으로 교육청의 대규모 행사나 연수 개최를 지양하고, 선택과 집중을 통해 정책과 사업들을 대폭 정리해야 한다. 그런데 정리가 쉽지 않다. 앞에서 말한 부서 이기주의와 부서의 실적 관리 방식이 작동하기 때문에 그렇다. 이 부분은 교육감이 의지를 갖고 전체적인 정책 조정 부서를 지정하고 권한도 부여하여 강력하게 시행해야 한다. 그것도 한 번이 아니라 상시적으로 수행해야 하며, 해마다 반복적으로 해야 한다.

경기도교육청의 경우 공문 분석단을 가동한 바 있다. 공문이 학교 교육과정에 미치는 영향을 분석하는 것이다. 또한 공모사업 과다에 따른 학교 업무 가중을 방지하기 위해 '학교별 사업 선택제'를 실시한 바 있다. 각종 사업을 통합하고, 필수와 선택으로 분리하고, 학교에서 여건과 상황에 맞는 사업을 선택해서 추진하라는 의미이다. 물론 여기에는 별도의 사업비보다는 학교 기본운영비 증액이 바람직하다.

전체적인 사업을 평가하는 정책 평가는 필수적으로 해야 한다. 각종 모니터링 결과와 현장 평가 등을 통한 정책 평가를 근거로 각종 정책(사업)을 축소 · 수정 · 폐지 · 통합해야 한다. 정책 – 예산 – 평가 선순환 체제가 필요하다. 그 정책 평가의 기준은 현장이다. 도교육청에서 이런 일을 해줘야 교육지원청도 살리고 학교도 숨 쉴 수 있다. 도교육청은 교육감협의회 등 다양한 통로를 가동하여 교육부에 정책 과잉을 막기 위한 지속적인 요청과 제안을 해야 한다. 교육부 역시 특별교부금을 점진적으로 줄여 나가면서 권한 이양 및 배분을 추진해야 한다. 교육부는 큰 비전과 방향을 제시해야 한다. 정책과 사업은 다른 개념이다. 정책이 상위 개념이고 사업은 하위 개념이다. 그런데 정책을 구상하기보다 낱낱의 사업에 매몰된 경우가 적지 않다. 정책을 추진하는 도구로서 사업이 작동하고 있을 뿐이다.

현장에 별 도움을 주지 않는 사업들은 과감하게 일몰하고 새로운 사업을 모색해야 한다. 예를 들어, 현장의 원성이 높은 사업 중 하나가 100대 교육과정이다.[29] 취지는 우수 교육과정 사례 확산이었겠지만, 실제 작동하는 과정을 보면 우려스럽다. 실제 교육과정이 의미 있게 작동된 사례보다는 서류를 잘 만드는 데 에너지를 많이 쏟아야 한다. 경쟁 방식으로 작동하다 보니 우수사례 나눔의 취지는 온데간데없고 선발의 공정성 등의 시비가 일어난다. 교육과정 발굴 및 우수사례 확산을 어떻게 어떤 방식으로 추진할 것인가를 고민하다 보면 기존의 방식이 아닌 방식으로 얼마든지 전환할 수 있다. 경쟁이 아닌 비경쟁 방식으로, 교육청이나 교육지원청 차원에서 교육과정 세미나 또는 학술대회, 테드 방식의 진행이 얼마든지 가능하지 않을까? 말 그대로 교육과정 대잔치를 벌일 수 있다. 하나의 예이지만 교육부나 교육청에서 추진하고 있는 각종 정책(사업)들을 상시 모니터링하면서 어떻게 개선할 것인가를 끊임없이 모색해야 한다. 교육부와 교육청이 경계해야 할 모습은 반성과 성찰, 피드백 없이 기존 사업을 반복 시행하는 것이다.

하나 더 제안하자면, 교육부와 교육청부터 칸막이 문화를 해소하고 소통하는 문화를 만들었으면 한다. 칸막이 문화는 칸막이 조직과 업무 때

29 2018년에 교육부는 현장 의견을 수렴하여 100대 교육과정을 폐지하였다.

문에 발생하는 것이다. 따지고 보면 칸막이 그 자체가 나쁜 것은 아니다. 업무의 효율성과 전문성을 제고하기 위해 칸막이 조직과 업무 형태를 고수하는 것이다. 칸막이 문화 해소는 칸막이 조직과 업무로 인해 생기는 단점을 보완하는 방향으로 잡아야 한다.

교육청에서 의도적으로 부서 간 협업 업무를 지정했으면 하는 바람도 있다. 또한 경험이 많은 장학사들은 고정된 업무를 줄 것이 아니라, 소통을 촉진하고 업무를 조정하는 역할을 했으면 좋겠다. 축구로 치면 포지션이 정해져 있지 않은 '리베로' 역할 말이다. 교육부나 교육청에서는 기획조정실 조직을 지니고 있는데, 이러한 조직이 끊임없이 소통하면서 부서와 부서, 정책과 정책을 연결시키면서 큰 그림을 그려야 한다. 각 정책 간 모순이 발생하고 있는 내용은 없는지 살펴야 한다.

우리나라 사람들은 조직 사회의 공식적인 자리에서는 좀처럼 말을 하지 않으려고 한다. 그 이유는 잘 알 거다. '말하는 자가 책임지라'는 풍토가 있기 때문이다. 교육부와 교육청이라고 다를까? 침묵은 금이 아니라 인간관계에 금이 가게 한다. 또한 옳지 않은 일에도 침묵함으로써 '침묵의 카르텔'을 형성하기도 한다. 말하라고 해도 입을 떼기 힘든 판에, 용기를 내어 발언한 장학사(연구사)한테 윗사람이 눈치라도 주면 장학사들의 입은 더욱 굳게 닫힌다. 교육청과 직속 기관의 문화를 개선하기 위해서는 조직 구성원들이 수다를 많이 떨어야 한다. 아니 수다를 많이 떨 수 있는 분위기와 여유가 조성되어야 한다. 이왕이면 수다 내용이 학생 성장과 관련한 것이면 더욱 좋겠다. 더 나아가 수다를 통해 몸도 마음도 치유가 되는 '수다 테라피'의 효능을 맛보았으면 한다.

교육청 문화 개선을 주제로 교육감이 교육청 내 장학사 및 주무관들을 만나서 허심탄회한 소통의 시간을 마련하면 좋겠다. 이를 통해 교육감과 교육청 구성원들의 관계의 질이 향상되었으면 한다.

교육청 문화는 교육청 구성원들이 함께 모여 숙고함으로써 문화 창조 혹은 성숙의 단계로 나아가야 한다. 이런 점에서 교육청 문화는 '어떻게 바꿀 것이냐' 하는 문제보다 '왜 고수하고 있는지'를 살피는 것이 더 중요하다. 그다음 수순은 하나씩 실천해 나가는 것이다. 실패를 두려워해서는 안 된다. 새롭게 시도하다가 설령 실패를 한다 해도 그것은 의미 있는 실패의 범주에 속한다. 차후 시도에 있어서 성공의 자양분이 될 것이기 때문이다. 새롭게 시도하지 않으면 교육청 문화 창조라는 측면에서는 영원히 실패하는 것이다.

우리가 꿈꾸는 장학사는?

장학사란 존재는 진공 상태에 존재하지 않는다. 교육부와 교육청, 학교라는 생태계에서 존재한다. 교육부와 교육청에는 교육전문직만 존재하지 않는다. 비율만 보면 일반행정직에 비해 훨씬 적지만 일반행정직과 임기제 공무원과 함께 어우러져 일을 한다.

그동안 교육청에서 장학사의 자율적 공간은 사실 넓지 않았다. 이는 교육청부터 운신의 폭이 넓지 않은 상황과 연결된다. 교육청은 그동안 교육부와 학교의 중간 매개체로 존재했다. 따라서 교육청은 교육부로부터 받은 각종 사업과 예산을 학교로 전달하는 터미널의 기능을 하였다. 교육청은 교육부의 하급 기관으로서 각종 정책과 사업을 현장에 전달하고 취합하는 기능을 주로 수행했다. 이런 상황에서 장학사의 역할과 기능이 컸다고 보기 어렵다. 다만, 권위주의의 관점에서 보면 상명하복의 시스템에서 장학사가 과거에는 일정한 권위를 누릴 수는 있었다. 일반인들에게 장학사를 이야기하면 대부분 청소를 떠올린다. 학창 시절, 장학사의 학교 방문이 있으면 청소를 열심히 했던 기억을 끄집어내는 것도 이런 맥락으로 이해할 수 있다.

그 당시에는 교육부와 교육청은 곧 일심동체였다. 실제 지금도 교육 관련법을 보면 교육부와 교육청의 역할과 기능에 모호한 부분이 많다. 초중등 교육법을 보면 제28조와 같이 "국가와 지방자치단체는" "교육부장관과 교육감은"으로 시작하는 조항이 상당히 많다.

제28조(학습부진아 등에 대한 교육) ①국가와 지방자치단체는 다음 각 호의 구분에 따른 학생들을 위하여 대통령령으로 정하는 바에 따라 수업일수와 교육과정을 신축적으로 운영하는 등 교육상 필요한 시책을 마련하여야 한다.

1. 성격장애나 지적(知的) 기능의 저하 등으로 인하여 학습에 제약을 받는 학생 중 「장애인 등에 대한 특수교육법」 제15조에 따른 학습장애를 지닌 특수교육대상자로 선정되지 아니한 학생
2. 학업 중단 학생

② 국가 및 지방자치단체는 제1항에 따른 학습부진아 등에 대한 교육의 체계적 실시를 위하여 실태 조사를 하여야 한다.

③ 국가와 지방자치단체는 제1항에 따른 학습부진아 등에 대한 정책에 필요한 예산을 지원할 수 있다.

④ 교육부 장관 및 교육감은 제1항에 따른 학습부진아 등을 위하여 필요한 교재와 프로그램을 개발 · 보급하여야 한다.

학습부진아 지도와 같은 내용에는 교육부와 교육청 간 이견이 많지 않으나 국가 수준의 학업성취도 평가, 특목고 및 자사고 평가 등은 입장 차이가 충분히 나타날 수 있다. 그러나 우리의 교육법 체계에는 두 기관의 입장 차이에 대해 거의 상정하지 않았다. 상급 기관과 하급 기관인 두 기관을 동일 조직으로 봤기 때문이다. 두 기관의 철학이 다를 수 있다는 점에 대해 입법 당시에는 상상조차 못했을 것이다.

그러나 지방교육자치 시대를 맞이하여 주민 직선 교육감제가 도입된 이후 교육청에 상당한 변화가 나타나기 시작했다. 우선 교육부 장관은 임명제지만 교육감은 주민 직선에 의해 선출된다. 교육부 장관은 직위를 1년 이상 유지하기 어렵지만 교육감은 짧게는 4년, 최대 12년까지 유지된다. 이처럼 교육부와 교육청의 수직적 관계에 변화가 나타나기 시작했다. 무엇보다 권력의 권위가 임명이 아닌 직선제에 의한 선출이라는 점에서 교육감이 누구를 바라봐야 하는가에 관한 정치적 지향에 상당한 변화가 나타나게 된다.

이명박 · 박근혜 정부 시절, 교육부가 다수의 교육감을 고발 조치한 사례가 적지 않은데, 그것은 철학과 가치, 정책 방향에 차이가 나타날 때 교육감들이 따르지 않는다는 것을 의미한다. 일제고사, 학교폭력 가해자에 대한 생활기록부 기록 조치, 시국선언 교사 징계건, 국정교과서 등은 교육부와 교육청 간 갈등이 첨예하게 나타났던 대표적 사례들이다.

도대체 무엇이 달라진 것일까? 주민 직선 교육감제 도입에 따라서 교육청은 교육부의 지시와 명령이라면 무조건 따르던 기존의 행정 문법이 달라졌다. 주민 직선 교육감들은 선거를 시작하면서부터 다양한 공약을 제시하게 된다. 공약을 중심으로 4년의 계획을 짤 수밖에 없고, 4년 뒤 선거에서 공약 이행 여부를 가지고 평가를 받게 된다. 물론, 교육청은 교육부로부터 예산과 과업을 받는다. 대표적 사례가 국가 위임 사무이다. 수학능력시험, 검정고시, 학교 설립 및 학생 배정, 자유학기제, 교원 평가 등은 교육청의 의지와 상관없이 국가로부터 위임받아서 추진하는 사무이기 때문에 담당자와 담당부서를 세워야 하고, 이를 수행해야 한다.

실제 교육청 조직을 보면 교육부 조직과 유사한 틀을 지니고 있는데, 이는 교육부의 정책 방향과 과업에 교육청이 효율적으로 대응하기 위한 시스템과 무관하지 않다. 그러나 주목해야 할 점이 있다. 교육부와 상관없이 교육청 별도로 고유 사무를 감당하는 비율과 영역이 늘어나고 있는 것이다. 최근 각 교육청을 보면 혁신학교, 공감학교, 혁신교육지구사업, 마을교육공동체, 민주시민교육 등의 정책과 사업을 진행하는데, 이는 교육부 조직과 상관없이 교육감과 교육청의 필요에 따라서 별도의 조직을 만들어 추진하고 있는 사례로 볼 수 있다.[30]

이러한 과정은 교육청의 정체성에 상당한 변화가 나타나고 있음을 의

30 문재인 정부 이후에 달라진 변화 중 하나는 교육청의 정책과 사업을 교육부가 알아서 확산시키고 있다는 점이다. 교육청 차원에서 실시하던 혁신학교라든지 민주시민교육을 2018년도부터 교육부의 주요 과제로 채택하였다.

미하며, 이는 곧 장학사의 정체성 변화를 시사한다. 과거에는 교육부 담당자의 전화 한 통과 공문 한 장을 금과옥조(金科玉條)로 여기고 시행했다. 그러나 지금은 그럴 수 없다. 교육부의 지시가 온다고 해도 헌법과 법률, 법령의 취지와 맥락을 고려하지 않을 수 없다. 시행령이 법률의 취지와 맞지 않다면 이는 다툼과 해석의 여지가 있는 영역으로 판단해야 한다.

교육부의 다급한 지시가 떨어진다고 해도, 그 내용이 헌법과 법률의 취지에 위배되는 사항이라면 이를 시행할 수 없다. 박근혜 정부에서 의욕적으로 추진했던 역사 교과서 국정화의 경우, 상당수 시 · 도 교육감들이 교육부의 방침을 따르지 않았다. 교육청에 일정한 변화가 나타났음을 감지할 수 있다. 교육청에서 일하는 장학사는 교육부 정책이라고 해서 무조건 따르기보다는 다양한 법률 자문을 바탕으로 수정을 요구할 것인지, 아니면 시행을 유보할 것인지, 아니면 정책을 과감하게 재구성할 것인지 판단해야 한다.

지방교육자치에 관한 법률 제20조는[31] 교육감의 관장 사무를 정의 내

31 제20조(관장 사무) 교육감은 교육 · 학예에 관한 다음 각 호의 사항에 관한 사무를 관장한다.
1. 조례안의 작성 및 제출에 관한 사항 2. 예산안의 편성 및 제출에 관한 사항 3. 결산서의 작성 및 제출에 관한 사항 4. 교육 규칙의 제정에 관한 사항 5. 학교, 그 밖의 교육기관의 설치 · 이전 및 폐지에 관한 사항 6. 교육과정의 운영에 관한 사항 7. 과학 · 기술교육의 진흥에 관한 사항 8. 평생교육, 그 밖의 교육 · 학예진흥에 관한 사항 9. 학교체육 · 보건 및 학교 환경 정화에 관한 사항 10. 학생통학구역에 관한 사항 11. 교육 · 학예의 시설 · 설비 및 교구(教具)에 관한 사항 12. 재산의 취득 · 처분에 관한 사항 13. 특별부과금 · 사용료 · 수수료 · 분담금 및 가입금에 관한 사항 14. 기채(起債) · 차입금 또는 예산 외의 의무부담에 관한 사항 15. 기금의 설치 · 운용에 관한 사항 16. 소속 국가공무원 및 지방공무원의 인사관리에 관한 사항 17. 그 밖에 당해 시 · 도의 교육 · 학예에 관한 사항과 위임된 사항

리고 있다. 특히 6호에서 제시한 '교육과정의 운영에 관한 사항'은 교육과정을 직접 운영해 본 교육전문직이 감당해야 할 고유 업무임에 틀림이 없다. 일반행정과 교육행정은 유사하지만 핵심적인 차이는 교육과정(수업과 평가 포함) 또는 교육활동을 중심으로 진행되는 장학(奬學)활동의 유무이다. 이 활동이 없으면 일반자치와 교육자치를 굳이 구분해야 할 이유가 없다.

결국 장학사를 단순히 행정처리 요원으로 인식해서는 곤란하다. 장학사를 꿈꾸었던 많은 이들이 교육청과 교육지원청에서 '내가 공문과 에듀파인 처리 등 행정업무를 하려고 장학사가 되었나?' 하는 자괴감에 빠질 때가 많다. 행정업무는 수단이지 목적이 아니다.

그렇다면 장학사란 존재의 정체성은 무엇인가? 학생 · 교직원 · 학부모가 기대하는 학교를 만들기 위하여 교실과 학교 현장을 지원하는 기획자 · 실천가 · 행정가 · 조력자 · 정책개발자 · 교육과정 전문가로 봐야 한다. 다만, 그러한 목적을 달성하는 수단으로 행정행위를 동반하고 있다. 장학사의 어려움은 여기에서 비롯된다.

다음은 서울시교육청에서 근무를 하고 있는 함영기 장학관의 글이다.

> 진보 성향의 교육감을 따라 교사에서 교육전문직으로 들어온 분들이 꽤 된다. 대체로 그들은 현장 교사 시절에 교육청에 '무엇'인가를 요구하던 사람들이었다. 이제 그들은 현장의 요구를 들어야 하는 입장으로 바뀌었다. 동시에 그들

은 생각보다 행정체계가 만만치 않다는 것도 알게 됐다. 아무리 좋은 교육혁신의 아이디어가 있다 해도 일개 교육전문직으로서 갖는 한계는 때로 이들을 무력감에 빠뜨린다.

운동은 당위와 가치를 향해 작동한다. 혹여 이루어지지 않는 요구라 할지라도 그 자체로 명분을 갖는다. 또 강한 윤리성을 동반하기 때문에 '삶'에 대하여 갖는 자부심도 남다르다. 종종 이런 자부심은 운동 과정에서 오는 피로감이나 갈등을 극복할 동력이 된다. 현재 조건이 녹록치 않아도 일과 삶을 일치시키기 위하여 노력하는 과정 때문에 운동하는 삶을 지속할 수 있다.

행정은 철저하게 현실을 지향한다. 현존하는 자원과 인력을 효과적으로 동원하여 '성과'를 내는 과정이다. 재정을 투입하고 결과를 산출하는 과정이기 때문에 상응하는 책임이 뒤따른다. 또한 행정체계는 관료제를 기반으로 하는 까닭에 상하관계가 뚜렷하다. 교육전문직 한 사람이 할 수 있는 일이 지극히 제한적인 이유이다. 이런 사정 때문에 운동 경력을 가진 교육전문직(물론 시민운동 경험을 가진 일반행정직도 소수 있다. 이들에게도 운동과 행정 사이의 고민은 크다)들은 이중으로 힘들다.

행정체계 안에서 아마추어처럼 겉돌지 않기 위해서는 과거에는 극복의 대상이었던 그 '시스템' 속에 철저하게 몸을 담가야 한다. 관전의 자세로는 사소한 것 하나에도 변화를 주기 힘들다. 정신줄을 놓지 않도록 긴장도 유지해야 한다. 바로 직전까지 운동의 동료였던 교사들은 수시로 해결해야 할 과제를 던진다. 운동에서는 쉽게 상상했던 영역도 행정에서는 여러 까다로운 절차들이 있다. 무엇보다 현장에서 생각했던 것보다 훨씬 더 많은 '업무의 양'이 있다. 나와 대화를 나누었던 많은 분들은 이런 과정의 어려움과 정체성의 혼란을 호소했다.

교육자와 행정가의 문법에는 일정한 차이가 있고, 어떤 영역에서는 상당한 괴리가 존재한다. 교육 운동의 경우 이상을 주장하면 되지만, 행정은 관련 규정 · 법규 · 지침 · 예산을 고려해야 하기 때문이다. 따라서 의욕과 열정을 품고 교육청에 들어왔지만 행정을 수행하는 과정에서 막상 이런저런 법규와 규정으로 인해 막히면서 좌절감을 맛보기도 한다. 일반행정직은 행정에, 교육전문직은 교육에 익숙해져 있다 보니 상황을 바라보고 일하는 방식에도 상당한 차이가 나타나서 종종 갈등이 유발되기도 한다.

이런 점에서 장학사는 최소한 지역의 관내 학교 또는 교육청 소속교를 모두 아울러야 한다는 점에서 심리적 부담감을 많이 느낀다. 구조의 장벽과 심리적 부담 사이에서 허우적거리다가 시간을 다 보낼 수도 있고, 당장 처리하고 감당해야 할 업무에서 허덕이다가 심리적 · 육체적 소진 상태를 경험하게 된다. 이러한 상태가 지속되면 교사 시절 그토록 비난했던 '장학사'의 모습을 내가 그대로 따르게 되고, 어느 순간 돌직구를 날리던 내가 돌직구를 받는 위치에 놓였다는 점에서 상당한 자괴감을 갖게 된다.

그런 점에서 장학사는 구조의 변화에도 힘써야 한다. 성실한 장학사 한 명의 존재도 중요하지만 장학사 한 명이 빛을 발하지 못하게 만드는 구조를 어떻게 바꾸어야 할 것인가도 고민해야 한다. 안타깝게도 장학사는 그러한 구조를 바꾸는 데 일정한 한계가 있었던 것이 사실이다. 대략 5년 이내에서 근무를 하다가 전직을 하기 때문에 각종 문제가 있어도 그것을 해결하기보다는 마땅히 감당해야 할 몫으로 인식하면서 변화를 추동하지 못했기 때문이다. 결국 장학사는 변혁자로서의 정체성을 지녀야 한다. 수업과 교실, 학교 현장이 어디에서 막히고 있는가를 생생히 체험하였기 때문이다. 이러한 경험은 실패가 되었든 성공이 되었든 교육 발전에 소중한 자산이 된다.

이런 맥락을 고려해 본다면 교육청 장학사는 관료주의의 말단에 위치한 존재로 볼 수 없다. 국회의원 한 명 한 명을 소중한 헌법기관으로 인식하듯이, 장학사 한 명 한 명이 교육행정기관이며, 동시에 교육감이다. 어찌 보면 헌법의 가치를 구현하는 헌법기관이요, 국가 수준의 정책을 실현하는 교육부 장관이요, 지방교육자치의 가치를 구현하는 교육감이요 교육장이다. 장학사 한 명이 뿌린 대외 공문은 결국 교육청 내지는 교육감의 이름을 걸고 학교로 시행되지 않는가?

장학사가 현장에 나가면 교육청에서 왔다는 이유로 현장에서는 많은 어려움을 토로한다. 그것을 해결할 어떤 힘이 부족하다고 느낄 때 미안한 마음이 든다. 그럼에도 불구하고 현장에서는 이런 문제가 있고, 이런 문제를 해결해 달라는 요구를 끊임없이 한다. 왜 그럴까? 우리의 이야기를 들어줄 사람이 그래도 '장학사'이고, 통로가 '저 사람'이기 때문이다.

혹자는 장학사와 연구사를 '교육전문직원'으로 부르는 것에 거부감을 표한다. 이러한 오해는 교원은 비전문가이고, 장학사는 전문가라는 이

분법적 시각으로 바라보기 때문에 나타난다. 교육청에는 일반행정직이 있다. 9급부터 1급까지 일반행정직이 있는데, 이들과 구분하기 위하여 교육전문직으로 불린다. 교육전문직으로 불리는 이유는 교사 출신으로 교육과정 – 수업 – 평가, 학급 운영과 생활지도라는 이른바 장학 영역의 실천 경험의 총체가 일반행정직이 주로 하는 행정 영역과는 근본적인 차이가 있기 때문이다. 그런 점에서 교원과 장학사를 이분법적으로 보지 말고, 역할의 차이는 존재하되 그 뿌리는 같다는 인식이 필요하다.

일반행정직이 놀라는 것 중 하나가 교사들이 교장·교감, 교육전문직을 인정하지 않는 데 있다. 예컨대, 무슨 위원회를 꾸릴 때 교사가 들어가지 않고 교감이나 교육전문직이 들어가면 왜 교사들이 없냐며 항변한다. 일반행정직은 교사와 교장·교감, 교육전문직을 다른 부류로 보지 않는데 정작 교사들은 그것을 인정하지 않는다. 쉽게 말해 한 지붕 세 가족인 셈이다. 이는 과거의 권위적인 풍토에서 비롯된 현상이 아닐까 싶다. 서로가 협력하여 같은 목표를 향해 나아가는 그룹이 아니라 지시를 내리고 받는 존재, 관리하는 사람과 받는 사람 등으로 분리해서 보고 있는 점인데, 최근 들어 탈권위적이면서도 개혁적인 마인드를 가진 인사들이 교육전문직이나 교장·교감으로 임용되는 흐름도 나타나고 있기 때문에 일정 시간이 지나면 그러한 거부감은 서서히 해소될 것으로 보인다.

무엇보다 교육전문직과 교장·교감들이 현장 교사들이 갖는 거부감을 해소하기 위한 나름의 노력이 필요하다. 교사들도 교육전문직과 교장·교감들을 무조건 백안시하기보다는 그가 어떤 자세로 일하는 사람인가를 기준으로 살펴야 한다. 현장을 지원하기 위해 애를 쓰고, 노력하는 이들을 격려하고, 그들이 현장에서 자리매김을 잘할 수 있도록 도움을 주어야 한다. 서 있는 공간이 다를 뿐 같은 방향을 향해 나아가는 존재라는 따뜻한 인식이 이제는 필요한 시기이다.

문제는 현장에서 교육전문직의 권위를 인정하느냐이다. 권위주의와 권위는 다르다. 권력과 권위 역시 다르다. 권력은 비자발적 개념이다. 반면 권위는 자발성을 전제한다. 전문성은 자신이 주장하는 것이 아니라 상대방의 인정으로부터 나오는 것이다.

우리나라의 교육사를 살펴보면 국가의 과도한 권력으로부터 교사들이 교육과정과 수업, 평가 등에 관한 자율적 공간을 확보하기 위한 지난한 투쟁의 역사가 있었음을 알 수 있다. 교과교육연구회라든지 학교 밖 학습공동체는 국가가 주도하는 교육 시스템에 대해서 갑갑함을 느낀 이들이 나름의 스크럼을 짰던 역사와 무관하지 않다. 그렇게 모인 이들은 대안 교과서를 만들고 교육과정을 재구성했으며, 교육 목적에 부합된 평가를 실천하였다. 교육과정과 수업, 평가의 전문가로서 노력했지만 학교가 바뀌지 않은 상태에서는 개인의 실천이 갖는 한계가 있다. 이를 위해 학교를 바꾸려고 노력했고, 이는 혁신학교 내지는 학교혁신 운동으로 이어졌다. 현장에는 변화를 만들기 위해 모여서 학습하고 실천하고 공유하는 적지 않은 교사들이 존재한다. 이들의 내공은 상당할 수 있다. 수업방법론을 넘어 교육과정과 평가, 철학 등으로 무장하였기 때문이다.

이들은 교육전문직인 당신은 어떠한 삶을 살았는지 질문을 던진다. 교육전문직이 현장을 견인하고 지원해야 하는데, 과연 장학(獎學)을 할 수 있는 역량과 실천 경험, 전문성을 지니고 있는가에 대한 질문이 의식적이든 무의식적이든 있게 된다. 현장에서는 이러한 질문에 대한 답을 지닌 사람이냐 아니냐를 판단하고, 이를 기반으로 권위를 인정할지 말지를 판단한다. 여기에 답할 수 있는 스토리와 실천 경험, 전문성이 풍부할 때 교육전문직의 권위는 존재할 수 있다. 이러한 권위를 인정받지 못한 채 관행과 통제의 관점으로 일할 때 장학사라는 용어는 관료주의 내지는 권위주의의 상징이 된다.

교육전문직은 '브로커'라고 할 수 있다. 브로커는 썩 좋은 의미로 사용되지 않지만 좋게 보면 다리 또는 플랫폼의 역할과 기능으로 해석할 수 있다. 아무리 좋은 정책이 있어도 결국은 학교 현장에서 실현되어야 하는 것이다. 그 실천을 교원이 한다고 가정할 때, 정책의 전달 통로 내지는 유통 경로가 부실하면 문서상의 정책으로 전락한다. 교육전문직은 교육청과 학교의 브로커 역할을 해야 한다. 이때, 브로커 역할은 일방향이 아닌 쌍방향이다. 현장 우수사례가 있다면 수평적으로 확산하고, 문제가 발생하면 이를 수정하기 위한 방안을 모색해야 한다. 정책의 원류를 대상으로 문제가 있으니 이런 방식으로 수정할 것을 요구한다.

이처럼 교육전문직은 교육부나 교육청과 학교 현장의 중간에 존재하면서 정책과 철학, 가치가 누수현상이 발생되지 않도록 중계한다. 아무리 좋은 정책이라도 해도 현장을 고려하지 않으면 문서상의 정책으로 전락한다. 책상머리 정책이라는 말이 여기서 나온다. 현장을 알고 있는 교육전문직은 어디에서 정책과 사업이 막혔는지를 감각적으로 파악한다. 그리고 그것을 뚫어낼 수 있다. 교육전문직은 현장 감각과 네트워크를 지니고 있기 때문에 정책이 막힌 지점을 파악하여 소통할 수 있어야 한다. 교육부나 교육청 정책의 기획 방향이 잘못된 것인지, 아니면 실행 과정에서 특정 영역에서 막힌 것인지, 아니면 현장의 오해에서 비롯된 것인지를 본능적으로 안다. 그것이 어렵다면 다양한 분야의 사람들을 만나거나 학교 현장을 몇 군데 방문해 보면 금방 상황을 파악할 수 있다.

최근 들어 교육청이 플랫폼 역할을 해야 한다는 주장이 많다. 공문과 예산을 학교 현장에 뿌리고 받는 소극적 역할을 넘어 현장과 정책, 사람과 사람, 사람과 조직, 문제점과 대안, 교육청과 학교 간 연결 고리가 필요하다. 그 플랫폼은 무엇인가? 결국 사람이다. 그 중심에 교육전문직이 있다.

"장학사를 하면서 긍정적이든 부정적이든 교사일 때와는 다른 많은 경험을 하게 되었습니다. 그 경험 속에서 때로는 상처받기도 하고 때로는 성장하기도 했는데, 결론은 기본으로 돌아가 사람 중심의 교육청 문화, 사람 중심의 행정을 해야 한다는 것입니다. 행정을 위한 행정, 규정을 위한 규정, 일을 위한 일 이런 것에서 탈피해 현장의 학생, 교사를 위해 모든 것이 움직일 때 교육전문직의 존재 이유가 있다고 생각합니다."

— 교육지원청 K장학사

4장

존경받는 교육전문직은 어떤 사람들인가?

학교에서는 교무기획으로, 직속기관에서는 정책 모니터링을 하면서, 그리고 교육부와 교육청에서 장학사로 근무하며 많은 교육전문직을 만났다. 그 가운데 많은 이들로부터 역량이 뛰어나다고 평가받는 10여 명을 추려 그들의 공통적인 특징은 무엇인지 집필진들이 심층 분석해 보았다. 이들 중에는 다시 현장으로 복귀한 이들도 있고, 여전히 교육청에서 왕성한 활동을 하고 있는 이들도 있다. 교육전문직의 삶을 살고 있는 이들은 물론, 교육전문직을 시작하는 이들과 앞으로 꿈꾸는 이들이 꼭 참고했으면 좋겠다. 물론, 완벽한 교육전문직은 존재하지 않는다. 각자의 강점을 잘 살리고, 약점을 보강하자는 차원에서 편하게 읽어 주기를 바란다.

네트워크를 통해 교사로서 성장했고, 교육전문직원으로도 성장한다

교육전문직은 그 숫자만큼 다양한 이들이 존재한다. 출신 학교, 나이, 전공부터 성향까지 모두 다르다. 우수한 교육전문직은 진보·혁신·개혁의 마인드를 지니고, '네트워크'를 활용하여 함께 일하는 특성을 지닌다.

네트워크의 힘은 교육전문직이 되고 나서 생긴 것이 아니다. 이들은 초임교사 시절부터 오랜 기간 활동한 공동체를 가지고 있다. 교원단체가 되었든 교과연구회가 되었든 자신을 성장시킨 공동체의 힘을 경험하였다. 이러한 조직을 기반으로 하여 가치의 확장을 시도한 경험도 가지고 있다. 단순히 가입한 단체가 많은 것이 아니라, 각 단체에서 오랜 기간 활동하면서 때로는 리더로서 그 역할을 충실히 이행했고, 그 과정에서 구성원들에게 진정성을 인정받았다. 그래서 그가 교육전문직이 되었을 때 회원들은 그를 비난하는 것이 아니라 오히려 응원했다. 필요한 사안이 발생할 때 단체로부터 꾸준한 지원과 협력을 받는 것은 물론이다.

네트워크는 또 다른 네트워크로 연결·확장된다. 어떤 일을 하더라도 혼자 일하는 방식을 탈피할 수 있다. 네트워크에서 지원해 주고 기획한 정책과 사업은 네트워크를 통해 검토받고 수정·보완한다. 이 과정에서 초안을 발전시킬 수 있다.

단체 활동을 오래 하다 보면 학교 현장과 학계, 시민단체, 학부모단체를 넘나드는 정보력과 인맥을 가지게 된다. 타 시·도 교육청, 국책연구기관, 대학 등 교육계 전체를 아우르는 인맥을 가진 교육전문직도 존재한다. 이들은 소셜네트워크서비스(Social Network Services, SNS)를 적절히 활용한다. 이를 통해 현장과 교육청의 가교 역할을 하고, 정책 피드백을 실시간으로 받기도 한다. 한계가 있을 수밖에 없는 정책의 제한된 환경을 온라인으로 확장하고, 정책 피드백 도구로 활용하는 것이다.

교육전문직 개인이 유능해도 혼자만의 기획으로는 한계가 존재한다. 정책을 기획한 후 정책 실행 전 현장에서 모니터링을 해보고, 정책 실행 후에도 사후 모니터링을 통해 정책의 구현 과정 전반을 살펴볼 필요가 있다. 정책이 학교 현장에서 구현되는 과정에서 잘못된 점은 없는지, 수정할 점은 없는지를 동료 교육전문직 및 현장 교원들과 빈번하게 만나 소통해야 한다. 유능한 교육전문직은 여러 번 사전 점검 후에 정책이 숙성되었다고 판단할 때 현장에 공문 발송 버튼을 누른다.

학교 현장에 있다고 현장성이 저절로 생기는가? 현장의 정보를 끊임없이 받아들이고, 문제를 찾고, 이를 해결하기 위해 방안을 찾는 열린 자세가 진정한 현장성의 출발이다. 학교 현장에 있지만 닫힌 동료와 교장, 교감을 얼마나 많이 보았는가? 현장에 대한 민감도가 있을 때 교육전문직은 그들만의 리그, 우물 안 개구리의 한계에서 벗어날 수 있다. 교육전문직 고수들은 네트워크 내에 있고, 네트워크를 활용하며, 함께 존재한다.

발로 뛰며 소통한다

교육청은 왜 존재할까? 학교가 있기 때문이다. 학교를 무시하거나 외면

하는 교육청 정책은 오래 지속되기 힘들다. 교육전문직이 학교 현장에서 아이들을 가르치지 않는다고 현장성을 잃어서는 안 되는 이유이다. 교육전문직에게 현장과의 소통은 생명이다. 교육청은 다른 행정부서와는 다른 특별한 성격을 갖는데, 교사를 통하여 학교라는 공간에서 정책을 구현한다는 것이다. 교육전문직이 만든 정책이 탁상머리 정책이라는 비판을 받지 않으려면 현장을 찾아가는 수밖에 없다.

인정받는 교육전문직은 많은 학교를 다닌다. 아무리 바쁘더라도 학교 현장에서 정책이 실현되는 과정과 부작용, 성과 등을 직접 확인해야 좋은 정책을 펼칠 수 있기 때문이다. B장학사는 어떤 정책을 개발할지 파악하기 위하여 학교 측에 양해를 구하고 월요일부터 금요일까지 학교에 상주하였다. 그 학교는 혁신학교였다. 그는 학생들과 교사, 학부모를 계속 만나면서 무엇을 정책으로 발전시켜야 하는가를 고민하며 그 답을 교실 현장에서 찾았다.

물론 교육청에도 무수히 많은 일들이 기다리고 있는데 '굳이 많은 학교를 직접 가야 하는가?'라는 질문을 할 수 있다. 현장을 가보지 않더라도 현장을 만날 수 있는 길은 많다. 문제의식 있고 유능한 현장 교원들이나 정책 관계자들, 전문가들을 교육청이나 별도의 공간에 불러 모아 협의하는 것이다. 개별 면담, 집단 면담, 전문가 간담회, 현장 참여관찰 등을 통해 현장의 목소리를 듣고 정책과 사업을 기획한다. 기획 이전 단계에서 많은 이들을 만나보는 과정에서 기획의 승부처가 갈린다. 유능한 교육전문직은 어설프게 기획안을 쓰기 전에 먼저 사람들을 만나는 작업을 일상화한다. 이런 협의는 많이 할수록 자료도 풍성해지고, 정책과 기획의 핵심 아이디어를 얻는 데 큰 도움이 된다. 현장에서 들은 생생한 문제의식은 정책의 시발점이자 종착점이라 할 수 있다.

어느 교육지원청 장학사에게 전화를 걸었다. 특정 학교 담당 장학사로 지정되어 있어서 그 학교의 상황에 대해 물어봤는데, 그는 피상적인 몇 가지 이야기만 반복할 뿐 학교의 깊은 속사정을 전혀 알지 못했다. 교육지원청 장학사가 감당해야 할 사안이 적지 않다는 점을 이해하면서도 집토끼를 돌보지 않고 산토끼를 잡으러 다닌다는 인상을 지우기 어려웠다.

반면에 유능한 교육전문직은 다르다. 관내 학교 구성원들과의 관계성 형성에 주력한다. 학교에 가서 교장·교감만 만나지 않는다. 학부모, 교사, 지역사회 관계자, 학생들까지 관계를 지니고 있다. 어느 지역 교육청 장학사는 지역 주민들과 친해지기 위해서 저녁 때 식사를 같이 했다고 한다. 식사 중 한 지역 주민은 그에게 이렇게 말했다.

"장학사님도 1~2년 있다가 다른 데로 옮기실 거죠? 우리는 워낙 그런 분들을 많이 봐서요……."

마을교육 공동체라든지 혁신교육지구 사업에 관한 정책은 많지만 그것이 실행되는 과정에서는 장학사가 지역 주민이 되거나 그들과 좋은 관계를 맺어야 한다. 좋은 수업은 학생과 교사의 좋은 관계에서 비롯되듯, 좋은 장학사는 각 주체들과의 좋은 관계에서 비롯된다.

유능한 교육전문직은 우수사례를 보내달라고 학교에 요청할 필요가 없다. 평소 직접 발품을 팔아 파악한 우수사례를 구축해 놓았기 때문이다. 또한 우수사례를 상급기관에 제출하는 데 그치지 않고, 그들을 무대의 주인공으로 내세운다. 한마디로 판을 열어 준다. 현장에서는 좋은 사례에 항상 목말라 있다. 유능한 교육전문직이 지닌 네트워크와 현장 소통 역량은 지역사회에 활력소가 된다. 현장에 지시하기보다 현장을 위해 노력하는 이들에 대한 평판은 당연히 좋을 수밖에 없다.

전문성과 성장 스토리를 갖는다

교육전문직의 전문성은 현장 실천 경험에서 나온다. 어떤 정책을 시도하다 보면 성공과 실패의 경험을 갖게 되는데, 다양한 경험이 있는 사람은 컨설팅을 했을 때 확실히 그 차이가 드러난다.

교육전문직은 활동가가 아니다. 활동가는 옳은 가치를 중심에 놓고 이상을 제시하지만, 교육전문직은 법과 근거를 가지고 업무를 수행하기 때문에 활동 범위에 일정한 한계가 있다. 그래서 관련 법령, 시행령, 조례, 규정, 훈령, 규칙 등을 알아야 한다. 그렇지 않으면 낭패를 볼 수 있다.

유능한 교육전문직은 자신의 권한과 한계를 명확하게 인식한다. 자신이 속한 해당 부서의 권한으로 할 수 있는 일과 할 수 없는 일을 구분하고 알고 있다. 그러나 이들은 규정을 탓하며 머무르지 않는다. 불합리한 규정이 있다면 무엇을 어떻게 바꾸어야 하는가를 고민하면서 대안을 찾는다. 본인의 힘으로 어렵다면 다른 시·도 교육청과 연대해서 시행령을 개정하도록 교육부에 요청하고, 여러 채널로 압박하기도 한다. 실제 이렇게 주도해서 바뀐 시행령이 존재한다. 법과 제도, 정책은 결국 사람이 만든 것이며, 현장을 위해 존재한다. 현장을 위해 존재하는 법규들이 관행처럼 굳어져 학교 현장의 불필요한 행정을 유발한다면 개선해야 한다는 생각을 유능한 교육전문직은 가지고 있다.

유능한 교육전문직은 꾸준하게 공부한다. 이들은 유관 기관, 학술단체 및 대학에서 발행한 최신 학술지, 논문, 보고서를 읽고 교육정책의 흐름을 파악하고 있다. 회의에서 토의·토론을 주도하며, 무엇이 문제이고 어디를 뚫어야 해결되는지 정확하게 인지하고 있다. 자신의 업무 분야 이외에도 교육 전체의 흐름을 알고 있다.

어떤 장학사가 여유가 있어서 잠시 책을 읽고 있는데, 지나가던 동료 장학사가 한마디한다. "요즘 할 일이 없나 보지? 책이나 읽고 있고." 그러자 책을 읽고 있던 장학사는 "아니 책을 읽지 않고 어떻게 정책과 사업을 기획합니까?"라고 반문했다 한다.

교육뿐 아니라 시사·경제·문화·사회·국제적인 흐름까지 알고 있다면 더할 나위 없이 완벽하다. 이렇게 많은 지식을 가지고 있으면 훨씬 가치 있고 창의적인 문제의식이 담긴 기획안을 만들 수 있다. 내용 자체가 풍성하고 큰 그림을 볼 수 있다.

최근에는 박사학위를 소지한 교육전문직을 흔히 볼 수 있다. 박사 논문을 쓸 정도의 실력이면 기획과 글쓰기는 기본적으로 훈련된다. 양적 연구나 질적 연구 방법론에도 능통하여 이를 활용해 성과를 분석하거나 사례를 분석한다. 그리고 그러한 사례들을 책이나 논문, 보고서로 발표

한다. 최근 정책과 사업을 기획하는 데 연구를 중시하는 경향이 강해지고 있다. 예컨대, 특정 분야의 정책과 사업을 추진하게 되면 그 사업의 성과와 과제, 한계, 효과성 등에 대해서 많은 이들이 묻는다. 단순 설문 방식을 넘어 다양한 연구 방법론에 기반한다면 정책의 효과를 얼마든지 확인할 수 있다. 그리고 개선점을 찾거나 우수사례를 확산할 수 있다. 각 교육청에서 연구원이나 정책연구소의 역할과 기능을 강화하는 이유가 여기에 있다.

교사로서의 전문성과 교육전문직으로서의 전문성은 같으면서도 다르다. 교사로서의 성공 경험을 계속 우려먹을 수 없다. 교육전문직 역시 성장해야 한다. 그 성장 비결은 학습공동체이다. 부서의 동료들과 독서토론 모임을 진행한다. 별도로 모임을 구성하여 퇴근 이후에 모인다. 너무 바쁘면 한 달에 한 번이라도 모인다. 교사들에게 학습공동체의 필요성을 강조하는 정책과 사업을 제시하면서 정작 교육전문직이 그러한 실천을 하지 않는다면 그의 컨설팅과 장학은 탁상정책에 그치고 만다. 책을 읽는 데 얼마나 비용을 지불하고 있는지 스스로 질문해 보자.

부족한 점은 메운다

교육전문직은 에듀파인이나 예산 관계를 다루는 업무가 불가피하다. 여기에서도 교육전문직 간의 실력 차가 분명히 존재한다. 개인적으로 이 분야를 독학하여 일반행정직에게 밀리지 않고 능수능란하게 사용하는 이들도 존재한다. 보통 3~4년차 정도 되어서야 어느 정도 익숙해지기 마련인데, 경력과 상관없이 독학으로 빠른 시일 내에 적응하는 이들도 있다. 물론, 교육전문직이 일반행정직보다 실무를 잘하기는 쉽지 않다. 그러나 실수를 해서도 안 된다. 교육청의 C장학사는 첫 공문을 생산하여 발송 버튼을 누르기 전까지 하루 종일 몇 번씩 반복하면서 들여다봤다고 한다. 자신의 공문 한 장이 관내 또는 도내 모든 학교에 미치는 파급 효과가 크기 때문이었다. 그 초심을 잃어서는 안 된다.

D장학사는 학교에 예산을 내려보내는데 에듀파인상에서 단위를 착각해서 500만 원을 내려보낸다는 것이 500원을 내려보냈다고 한다. 한 장의 공문으로 해결할 수 있는데, 뭐가 잘못되어 메신저로 몇 번씩 수정사항을 알리는 경우도 있다. 그런 경우 그는 무능한 장학사라는 오명을 쓰게 된다. 공문을 쓸 때 '교육감' '장관'으로 표기하면 되는데 '교육감님' '장관님' 등으로 표기하여 비판을 받기도 한다. 교육전문직은 자신의 사업을 홍보해야 하기 때문에 보도자료를 쓰기도 하는데, 경험이 없다 보니 사업 계획 요약본 수준으로 제시하기도 한다.

이러한 실무 능력은 사실 개인의 문제만으로 보기 어렵다. 수업과 학급 운영 위주로 살아오던 이가 갑자기 예산을 편성하고, 도의회 대응 자료를 만들고, 현장에 예산을 내려보내는 작업이 어디 쉬운 일인가. 일반행정직의 경우 주무관에서 사무관이 되거나 행정고시에 합격하여 사무관 발령을 낼 때 6개월에서 2년 이상의 실습과 연수 기간을 거친다. 반면 교육전문직은 60시간 정도 연수를 받는 데 그친다. 교육전문직 연차가 쌓이면서 서서히 시행착오를 줄여 나가지만 스스로의 노력이 필요하다.

O장학사는 에듀파인에 자신이 없었다. 혼자서 끙끙거리면서 매뉴얼을 보면서 처리했지만 시간이 많이 걸렸다. 그 누구도 도와주지 않았다. 하지만 업무상 처리를 해야 했기에 그는 특단의 조치를 취한다. 주변 주무관들에게 술과 밥을 사주었다고 한다. 그러면서 에듀파인과 예산 처리 방식에 대해 가르쳐달라고 했다. 그다음부터 많은 시간을 절약할 수 있었다.

일을 두려워하지 않는다

상급자의 호출이었다. C장학사는 불길한 예감이 들었다. A장학관이 C장학사에게 말했다.

"C장학사는 여기에 있어요. 내가 가서 혼나고 올게요."

사안이 터졌을 때 그 책임을 실무자에게 떠넘기는 분들도 있다. 그러나 A장학관은 결재를 한 자신의 잘못이라면서 C장학사를 안심시켰다. 관료주의의 핵심은 '책임지지 않기'이다. 공무원들은 권한위임이라는 말을 입에 달고 살지만 보고를 하지 않으면 책임을 져야 하기 때문에 실제로는 사소한 것도 일단 결재를 올리는 경향이 있다. 물론 사안의 경중과 전결 규정에 따라서 전결로 처리할 것이 있고, 보고를 해야 할 사안도 있다. 그런데 교육부나 교육청의 경우, 보고를 하지 않으면 추후 책임 소재가 따르기 때문에 일단 결재 라인을 타는 경향이 있다. 현장 요구에 조직이 늦게 반응하는 이유 중 하나이다. 이런 경우 소신 있게 일하기는 매우 어렵다.

그런데 두려움 없이 일하는 이들이 있다. 책임도 기꺼이 자신이 진다고 말한다. "일을 하다가 잘못되면 무엇이 두려운가? 아이들을 만나러 다시 학교로 가는데." 잃을 것이 없다는 마음으로 그는 소신껏 일한다. 그래서 후배 장학사에게도 늘 이렇게 말한다.

"장학사 한 명은 교육기관이다. 자신이 맡은 분야에서 교육부 장관 또는 교육감으로부터 위임받아서 일을 하기 때문이다. 내가 장관이고, 교육감이라는 생각으로 일을 해야 한다."

그럼에도 일반행정직의 눈에는 또 다른 모습이 보인다.

"교육전문직에 대해서 평소 아쉬운 점이 있다. 주인의식이 없다. 조직에 들어온 지 1~2년도 안 되었는데 교감, 교장, 장학관, 국장, 교육장 되는 데만 도통 신경을 쓰고 있다."

딱히 반론을 펴기 어렵다.

교육전문직의 관습 중 하나가 일을 두루 익힌다는 점이다. 생활지도업무, 인사업무, 교육과정 업무를 두루 배워야 교감과 교장을 하는 데 유익하다고 한다. 그러다 보니 맡은 업무에 익숙해질 만하면 다른 업무를 맡게 된다. 상황이 이렇다 보니 전문성을 축적하기 어렵다. 그 과정에서 기피 업무들은 신규 장학사의 몫이 된다. 예컨대 인사 업무나 생활지도 업무 등 민원이 많거나 과업이 많은 사업은 신규 또는 전입 장학사가 도맡는다. 그런데 예외도 있다.

O장학사는 고참 장학사로서 교육과정 등 자신이 관심을 갖는 영역을

업무분장으로 맡을 수 있었다. 그런데 이 지역에서는 학교폭력에 따른 민원과 소송이 끊이지 않았다. 그는 지역사회 네트워크를 활용해서 교육지원청에서 학교의 고민을 해결할 수 있는 시스템을 구축해야겠다고 다짐한다.

"신규 장학사와 고참 장학사가 해야 할 일이 오히려 바뀌었다고 생각해요. 고참 장학사가 소송과 민원이 많은 고난이도 업무를 맡아야 한다고 생각합니다. 그래야 일을 해결할 수 있는 방법을 더 빨리 쉽게 찾을 수 있을 테니까요."

K장학사는 학생 배정 업무를 맡았는데, 교육열이 매우 뜨거운 지역이었기 때문에 배정 불만에 따른 민원이 폭주하였다. 녹초가 된 그는 또 다른 동료 장학사에게 말한다.

"정말 힘겹고 어려운 일이어서 그만두고 싶은 마음이 들다가도, 너무나 힘든 일이기 때문에 더더욱 신규 장학사들에게는 맡길 수 없다는 생각이 듭니다. 힘든 일이기 때문에 내가 1년을 더 해야겠다고 생각해요."

A장학사 역시 교육지원청에 발령을 받자마자 그 조직에서는 A업무와 B업무를 몰아주었다. 불합리한 면이 있었지만 업무 성격으로 보면 두 사업을 유기적으로 결합하면 오히려 시너지 효과를 낼 수 있었다. A장학사는 평소 두 업무가 별도로 돌아가는 흐름에 대해 불만을 가지고 있었지만 소신에 따르자면 과도한 업무량을 감당해 내야 했다. A장학사는 그

업무를 흔쾌히 받아들였다. 대신 팀장을 맡았다. 관련 업무 담당자 역시 추가로 배치되었다. 그는 내부 소통 시스템을 구축해서 두 사업이 시너지를 낼 수 있는 길을 모색했다. 그로부터 1년이 지난 후 A업무와 B업무가 별도로 돌아가는 다른 교육지원청에 비해서 현장으로부터 좋은 평가를 받았으며 전국적인 모델을 만들어 냈다.

이들의 공통점은 조직과 문화에 대해 스스로 성찰하고 반성한다는 것이다. 성찰과 반성은 개인의 실천, 조직의 문화, 나아가 정책과 사업을 포함한다. “무엇이 문제이고, 무엇을 어떻게 바꾸어 나가야 하는가?” 사업을 실행하면서 느낀 교훈을 다음 해 사업에 다시 반영하여 진화와 발전을 거듭한다. 이 과정은 단순히 정책과 사업의 성공을 의미하지 않는다. 조직과 교육전문직의 동시 성장을 의미한다.

주무관과 한 편 되기

처음 몇 달간은 초과근무 없이는 일을 따라갈 수가 없었다. 그런데 내가 업무가 너무 많고 힘들다고 불평할 때마다, 전임 장학사는 본인이 팀장으로 있을 때보다 훨씬 나은 상황이라고 했다.

"제가 있을 때보다 일이 엄청 줄었을걸요? 거기 L주무관님 계시잖아요. 그게 얼마나 다른 건데요. 곧 6급 승진할 사람인데 절대 그 자리에 안 가죠. 그분은 제가 설득해서 모셔온 거나 다름없어요."

나는 이 말이 그렇게 서운할 수가 없었다. 위로는 못해줄망정 뜬금없이 주무관 이야기가 왜 나오는가 말이다. 그런데 업무를 바꿔 팀을 옮겨 보니 전임 장학사의 말이 비로소 이해가 되었다.

아이들만 가르치던 교사였는데, 장학사가 되었다고 갑자기 회계 처리 지침들을 알 도리가 있겠는가. 그런데 L주무관은 내 크고 작은 질문들에 귀찮은 내색 한 번 하지 않았고, 각종 회계 문서를 처리할 때면 내 업무와 자기 업무를 따지지 않고 같이 살펴주었다. 우리 팀과 경영지원과 사이에 업무 갈등이 생길 때면 경영지원과를 설득하는 역할까지 도맡아 주었다. 그리고 "학교에 이런 공문을 보내면 선생님들이 힘드실 것 같은데……."라고 하면서 선생님들 입장에서 고민도 많이 해주었다. 그런데 나는 L주무관이 처음이었고 사무실도 별실이라 비교 대상이 없었기에 좋은 사람이라는 것까지만 알았지 전임 장학사의 말처럼 '특별한' 주무관이라는 생각까지는 하지 못했던 것이다.

사실 20여 년 이상을 교사로 지낸 사람과 교육청이라고 해도 공무원으로만 살아온 사람이 갑자기 만나서 하나의 사업을 추진할 때 손발이 맞기가 어디 그리 쉽겠는가. 서로의 가치관을 이해하고 맞춰 가야 하는 시간이 필요한데, 이게 또 신규 장학사에게는 예상치 못한 넘어야 할 산이다. 하지만 일반 행정직이 절대 다수인 조직이다 보니, 장학사로서는 일반적인 주무관들과의 협업 방안에 대해 계속 고민할 수밖에 없다.

에필로그

미래를 말하다

저자들은 2017년 12월 어느 일요일 밤, 작은 스터디 카페에 모였다. 일종의 집필 관련 뒷풀이 담화를 시작했다.

김성천 : 40대 중반. 교육청 장학사(교육부 파견). 남자. 교육시민단체 활동을 많이 하였으며, 연구원과 교육청, 교육부를 모두 경험했다.

성현정 : 40대 후반. 교육청 장학사. 여자. 수학 교사 출신으로서 영국으로 바람처럼 유학을 갔다 왔으며, 교육지원청에서 근무를 하다가 교육청 근무 중이다.

장지혜 : 20대 중반. 초등 교사. 여자. 저경력 교사로서 학교에서 생존하는 법을 배우고 있다.

정승환 : 30대 후반. 초등 교사. 남자. 교육행정 및 정책에 관심 많다. 교육부에

근무하고 있다.

홍섭근 : 30대 후반. 초등 교사. 남자. 각종 정책을 모니터링하고, 정책 연구를 수행하면서 많은 교육전문직을 만나 보았다.

'교육전문직' 하면 떠오르는 이미지

김성천 : 반갑습니다. 일단 교육전문직 하면 떠오르는 이미지가 각자 있을 것 같아요. 긍정적인 것이든 부정적인 것이든 어떤 감정을 가지고 있을 수 있겠지요. 또 한편으로는 교육전문직은 선망의 대상이면서도 비판의 대상이기도 해요. 교육전문직 경쟁률이 말해 주잖아요. 경쟁률이 높은 편이지요. 가만히 보면 교사들도 진로를 많이 모색하는 경향이 있는데, "내가 교육전문직의 길을 걸어?" 하는 생각을 한 번 정도는 해봅니다. 교사들에 의해 비판을 받지만 그 길을 걸으려는 교사들이 많은 이 현실을 어떻게 바라봐야 하는가. 그러면서 교사들은 왜 교육전문직을 하려고 하는가. 이러한 상황에 대해 선생님들의 의견이 중요한 것 같은데, 정승환 선생님 먼저 얘기하실까요?

정승환 : 제가 먼저 얘기하겠습니다. 전 처음에 전문직이란 어감 자체가 마음에 들지 않았어요. 교육전문직원의 줄임말로 전문직이라고 부르지요. 직책으로 보면 장학사, 연구사 등이 있는 거고. 그

리고 교원이라고 하면 교장 선생님부터 선생님까지 있는 거죠. 제가 저경력 교사였을 때는, '장학사들을 교육전문직이라고 부르면 교사는 전문직이 아닌가?'라는 생각을 했어요. 그런데 공부를 해보니, 전문직이란 지칭 자체가 교직에 대한 비교가 아니라, 교육부와 시 · 도 교육청을 구성하고 있는 일반행정직 공무원과 비교하는 용어란 걸 알게 됐어요. 그 전에는 용어에 대한 거부감이 있었어요.

김성천 : 그 전에는 교장 · 교감 · 교사 · 장학사를 관료적 위계에서 구분지으려는 흐름이 있었어요. 과거에 통제적이고 권위적인 관점에서 봤을 때는 구분을 하였고, 그런 것이 쌓이면서 교사들이 교육전문직에 대해 불편하게 보는 시각이 있었지요. 그러나 이제는 교사와 현장의 관점에서 정책을 펴야 할 누군가가 필요한 거죠. 일반행정직만의 힘으로는 교육부와 교육청이 돌아가기 어려운 구조예요. 결국 현장과 교사를 지원하는 사람들이 교육전문직이라는 점에서 본다면, 동일한 비전을 품은 존재들이나 해야 할 역할이 다르다고 보는 것이 맞겠지요. 논리적으로 그런데 정서적으로 다른 흐름을 어떻게 극복할 것인가도 살펴볼 주제예요.

정승환 : 말씀하신 내용들을 알아가는 데 십 년은 걸렸는데, 아직도 과거의 인식과 관점들로 교육전문직의 삶을 살거나 바라보는 분

들이 적지 않지요. 교육전문직이 교사들에게 비판의 대상이 되는 이유는 그런 오래된 관습, 선입관, 편견이 깔려 있기 때문이겠죠. 이게 극복되어야 할 과제이기도 하고 비판의 원인이 되는 것 같다고 생각해요.

홍섭근 : 저도 정승환 선생님과 생각이 비슷합니다. 약간 이율배반적인 게 있죠. 현장에서 교육전문직을 권위적이라든지, 일만 만들어낸다는 등의 비판적인 시선으로 바라보면서도, 한편으로는 '부럽다. 곧 교감하겠네.'와 같은 시선도 있죠. 공무원 계급표라고 인사혁신처에서 만든 자료를 보면, 24호봉 이상이면 4급 대우를 하게 되어 있어요. 교원들은 단일 호봉제라 동일하거든요. 그래서 교육전문직은 전직이란 개념을 쓰고. 사실 승진의 의미는 아닌데, 교감 자격증을 주기 때문에 승진이란 인식이 뿌리 깊게 고착화되어 있는 거죠.

실제로 몇 년이 돼야 장학사를 할 수 있느냐는 교육청별 기준에 차이가 있습니다만, 대체적으로 교육전문직은 40대 중후반이 하는 것이 맞다는 인식이 지배적입니다. 그러한 인식의 뿌리는 교감과 교장을 수행하기에 적합한 연령대를 기준으로 설정했기 때문입니다. 실제로 교육부 연구사의 경우는 지원 자격이 5년 이상이고, 울산이나 이런 데에서는 10년이면 장학사에 응시할 수 있는 경력임에도 불구하고 사람들은 기본적으로 15~20년은 돼야 한다고 생각하죠. 기준이 딱 교감 하기에 좋은 연령대인 거예요. 장학사의 역할보다는 이 사람들이 교감으로 나올 때만 생각한 거라고 봅니다.

현장에서도 길이 2가지밖에 없잖아요. 일반적인 가산점을 모아 승진하는 길과 장학사 시험을 봐서 하는 길. 2가지니까 가산점이 없는 사람들 입장에서 보면 마지노선으로 교육전문직을 선택할 수밖에 없는 거죠. 연구를 해보니까 아까 정승환 선생님이 하셨던 이야기가 나와요. 교육전문직이라는 게 행정직과 구분하기 위해 도입한 용어인데, 현장에서는 '니들만 전문직이고 프로페셔널이냐' 하는 약간 자조 섞인 비아냥거림의 용어로 인식하더라고요. 용어가 굉장히 중요한데 앞으로 개선의 여지가 필요하지 않나 생각합니다. 장학사라는 용어도 그렇고, 전문직이란 용어도 그렇고. 장지혜 선생님은 어떻게 생각하세요?

장지혜 : 저는 아직 저경력 교사라 그런지 학교 일 하면서는 교육전문직을 만나 볼 기회가 별로 없었어요. 다만, 학습공동체에 참여하면서 만난 장학사님들을 보면 힘들겠다는 생각을 해본 적은 있어요. 저희 학교는 승진 생각이 없는 분들이 많거든요. 그래서 장학사가 될 생각이 없는 분들이 대다수고. 그런 분들이 왜 장학사에 도전을 안 하는지 알겠다는 생각을 해요. 힘든 길이니까.

그리고 이 책을 편집하면서 알게 됐는데, 저는 교육전문직도 연구사와 장학사로 구분되는 2그룹이 있는 걸 처음 알게 됐어요. 의문이 든 게, 장학사에 지원하면 둘 중 알아서 한 곳에 발령을 내주는 건가? 연구직은 의미 있을 것 같은데 행정은 누가 하고 싶어 하나? 그런 생각이 들더라고요(웃음).

성현정 : 제가 일을 하면서 만나는 선생님들은 50대가 많은 편입니다. 그 선생님들은 '장학사 = 교육청'이라고 생각하시는 것 같아요. 현장에 안 맞는 정책이 나오면 바로 "장학사들 왜 그래?" "교육청 왜 그래?"를 같은 의미로 말씀하시는 것 같고, 일반인들은 사실 장학사가 어떤 일을 하는지 모르는 사람이 태반인 것 같아요.

저는 교육전문직을 하려면 역량을 길러야겠다고 생각해서 평가와 연수 등 여러 지원단 활동을 했습니다. 현장에서 교사로 있었을 때 현장이 팍팍 바뀌는 걸 보고 굉장하다고 생각을 했거든요. '내가 수업 들어가는 우리 반 애들이 아니라 저렇게도 현장을 변화시킬 수 있네.' 하면서 포부를 크게 가지고 들어왔어요.

그런데 막상 장학사의 삶을 살아 보니 리더가 되거나 어떤 권한이 크게 주어지는 자리는 분명 아니었어요. 돌이켜보면 시스템이든 사람이든 여러 가지 소신을 지켜 가기에 어려웠던 적도 많았어요. 사실은 뛰어넘어야 하는 허들인데 걸려서 아파하기도 하고, 뛰어넘지 못하기도 했어요. 많은 시행착오를 겪었다고 생각합니다.

홍섭근 : 학교 현장에서 교육전문직 출신 교감 선생님을 겪은 선생님들의 공통적인 얘기는, 그래도 시야가 넓다는 거예요. 뭐랄까, 사소한 것에 집착해서 교사를 힘들게 하는 건 많지 않다는 것이 대다수 선생님들의 생각이에요. 아무래도 교육청이라는 기관에서 근무를 하니까 큰 것과 작은 것을 구분해서 선택과 집중을 잘한다는 인식이 있긴 하더라고요.

김성천 : 교육전문직이라고 하면 전문직 출신의 교장, 교감을 봤을 때랑 주변에 있는 선배나 동기 선생님들이 나중에 전문직이 되는 모습을 보고 갖는 이미지가 대부분일 거예요. 그리고 일을 하다 보면 연수가 됐든, 공문과 관련해서 상호작용을 하면서 갖는 교육전문직에 대한 이미지가 있는 것 같고요. 당연히 그건 상황마다 달라서 뭐라고 일반화하기는 어렵죠. 다만, 전문직 출신 교장과 교감에 대해서 환영하는 분위기는 아니었죠. 지나치게 규정을 따진다든지, 학교를 의욕적으로 바꾸겠다고 욕심을 많이 내서 교사들에게 부담을 준다든지, 네트워크가 강하고 서류를 잘 만들다 보니 각종 공모에 지원하고, 일과 사업을 받아오면서 학교에 일이 과중되는 경향이 있었지요. 그런 부정적인 이미지가 나타나는 이유 중 하나는, 교육전문직은 승진을 하는 빠른 통로라는 인식이 있었고, 실제로 그런 장점이 있잖아요. 단적으로 경기도교육청에서도 승진과 연계하지 않는 전문전형

계열이 있습니다. 교육전문직으로 몇 년 활동하다가 다시 교사로 돌아가는 계열인데, 지원률이 낮습니다. 왜 그럴까 생각해 보면, 5년에서 7년 이상 고생을 했는데 거기에 대한 보상 심리가 승진으로 이어지는 게 아닐까 그런 생각이 들죠. 그게 아니고서는 '굳이 내가 교육전문직으로 와야 하는가?' 하는 현실적인 질문이 있죠. 다만, 최근 들어서는 달라진 것 같아요.

제가 교육전문직으로 오려는 분들한테 꼭 질문을 던지거든요. "승진을 위한 통로로 이걸 생각하는 거냐?" 하고 질문을 던졌을 때, "승진과 상관없이 나는 교육전문직 자체로 의미가 있는 것 같다." "본인이 교사를 섬기고 돕고 현장을 지원하는 어떤 역할의 연장선상에서 교육전문직을 바라봤고, 그래서 도전하고 싶다."고 이야기하는 분들이 늘고 있는 것 같아요. 예전 선배들 중에서도 당연히 그런 분이 있었겠지만, 최근에 나름 교육전문직이 가지고 있는 고유의 무언가를 보고 있는 분들이 늘고 있어요.

그 이유는, 과거에는 교육청 자체가 사실은 자율적 공간이 없었어요. 교육부에서 짜놓은 틀에 맞춰서 교육청과 교육지원청은 실행만 하는 역할을 했는데, 직선 교육감 이후에 이런 공간들이 넓어졌거든요. 이제 기획도 하고 실행도 하고, 교육부와 상관없이도 나름의 결과물을 내야 하는 구조가 있다 보니 그 안에서 교육전문직의 역할과 기능이 과거보다 넓어진 부분이 있는 거죠. 교육부가 하라고 하든 하지 않든, 교육청 수준에서 판단하고 돌아가는 교육청 자치 사무가 있기 때문에 공간은 넓어지고 있지 않나 생각합니다. 동시에 자치와 분권, 자율의 가치가 점점 중요해지는 시기이기 때문에 교육청 스스로 판단하고 책임져야 할 일이 더욱 늘어나게 될 것입니다.

그런 의미에서 보면 이중적 존재인 거죠. 과거의 권위적인 패턴, 비판받던 모습이 있는 거고, 또 한편으로는 학교와 교실에 머물 수밖에 없었던 교사로서의 영향력이 교육청에 들어가면 내가 뿌린 공문 한 장, 기획안 하나가 어쨌든 여파를 미치는 거잖아요. 범위가 아무래도 교사보다 넓어지죠. 운동으로서 영향력을 미칠 수 있는 거죠.

제가 교육운동을 하면서 성명서를 많이 써봤습니다. 그런데 어떨 때는 성명서 백 장보다도 담당자들이 갖는 생각과 태도, 전문성이 더 중요한 게 아닐까 싶어요. 그 정책 라인들이 어떤 마인드로 일하느냐에 따라 비판 성명서를 쓸 일이 없게 만들 수도 있기 때문입니다. 그런 의미에서 한 사람의 장학사, 연구사가 가지고 있는 태도와 마인드가 중요하죠.

모든 정책이나 사업의 경우 결재 과정을 거칩니다. 과장, 교육장 등 윗선의 결재를 받아야 하는데, 수정을 거치긴 하겠으나 결국 원판이 중요해요. 초안에 설정한 방향의 범주와 틀에서 결국 실행될 가능성이 높다는 점에서 교육전문직의 역할과 기능은 커질 수밖에 없어요.

물론 밖에서 보는 것과 달리 교육전문직이 갖는 한계는 분명 있죠. 왜냐하면 교육도 하나의 생태계로 본다면 교육전문직은 교육부와 교육청의 일부분입니다. 그러나 학교에서 봤을 땐 그 생태계로 바라보기보다는 장학사 한 명을 보는 경향이 있지요. 가진 역할과 기능에 비해서 과도하게 비판을 받는 억울한 측면도 있죠. 그럼에도 불구하고 현장에서 봤을 땐, 현장에 있었던 사람이라는 점에서 우리의 어려움을 해소해 줄 수 있는 비빌 언덕이에요. 이 지점이 묘한 이중적 구조를 갖고 있어요.

교육전문직 근무 구조

홍섭근 : 저는 선발, 동기, 역할을 구분해서 말하고 싶어요. 앞서 말한 것과 이어지는 건데, 진보교육감 이전에는 선발할 때 기준이 촘촘하고 가산점화되어 있었어요. 그러니까 라인을 타야 하고 점수를 채워야 했죠. 이너써클 안에 들어가기 위해 파견도 하고, 점수와 위촉장 등도 모아야 하는 낡은 방식이었어요. 지금은 대부분 시·도 교육청이 그 방식을 깨고 있어요. 기획·논술 중심이 되니까 많은 분에게 기회가 열렸어요.

전 그렇게 시도한 의도를 보고 싶어요. 의외로 장학사 한 분이 많은 걸 바꿀 수 있죠. 현장도 바꿀 수 있고, 도교육청에서도 바꾸거나 없애거나 할 수 있어요. 앞으로 교육자치 시대에 교육부가 가진 권한을 교육청과 학교로 배분할 텐데, 이 경우 장학사의 역할이 더욱 커질 것으로 예상됩니다. 지금까지는 선배들이 만들었던 문건이 표본이고 그 역할을 수행했는데, 이제는 아무도 상상하지 못했던 것들이 내려오고, 심지어는 내가 조례와 기획안을 만들어야 하는 거죠. 역할 부분에 있어서 이를 생각을 하고 들어간 분과 전혀 예상하지 못한 분들은 다를 거예요.

마지막으로, 근무 연수를 생각을 안 할 수가 없어요. 2000년 초반부터 장학사 전직 제한은 시작이 됐었어요. 지금은 2012년부터 교육부에서 5년으로 막았죠. 그 전에는 짧게는 4년, 3년 반 만에 교감으로 전직하는 분이 있었어요. 지금은 경기도교육청 기준으로 올해부터는 7, 8년 이상, 길게는 10년 이상 해야 하는 그런 것이 생겨서, 이걸 과연 승진으로 접근할 것인가 의문이 생길 수 있어요. 10년 가까이 하다 보면 일에 전문성이 생기고 현장을 변화시키기 위한 정책 전문가가 될 가능성이 있어요. 장기적으로는 전직 제한을 검토할 시기가 되지 않았나 싶어요.

김성천 : 전직 제한은 딜레마가 있죠. 하나는 순환구조를 봐야 해요. 순환구조가 갖는 장점은 현장에 새로운 수혈이 이루어지면서 변화를 만들 수 있다는 점이에요. 인력 순환이 안 되면 고인물이 되죠. 반면 교육전문직이 계속 바뀌니까 기피 업무부터 맡고, 그러다 점점 교육과정 업무 쪽으로 올라와요. 일반행정직이나

현장의 관점에서 보면, 노하우가 쌓이기도 전에 1, 2년 만에 바뀌니까 일의 연속성, 전문성이 끊어지는 문제가 있어요. 어떻게 조화시킬지가 중요한 문제예요.

아무튼 교육전문직도 일정한 평가 시스템은 필요합니다. 이 사람이 직무에 맞는 사람인지, 직무에 맞는 역할을 하고 있는지, 한번 선발해서 계속 가는 것이 아니라 이 사람이 역할을 잘 수행하고 있는지 성찰과 평가의 과정이 있어야 한다고 생각해요. 그런 의미에서 앞으로 교육전문직은 오랫동안 근무하면서 검증된 분들이어야 해요. 그런 분들이 오래 계시면서 현장을 대변하고, 혁신을 해야 합니다. 지금은 계속 전직으로 왔다 갔다 하는 구조이다 보니 인력 순환이 이루어지고, 학교에 가서 현장 감각을 익히고 다시 교육청이나 교육부로 돌아온다는 장점이 있긴 하나, 제가 보기에 단점도 생기고 있어요. 그러다 보니 주요 정책들을 교육전문직이 맡지 못하고 있는 상황까지 내몰려진 게 아닐까 싶습니다. 오히려 외국을 보면 교수 계열하고 장학 계열을 구분을 하더라고요. 장학 계열에서 계속 근무할 수 있는 시스템을 이야기하는 건데요, 그런 것도 고민해 볼 필요가 있지 않나 생각합니다.

교육전문직 임용의 경향

김성천 : 말 나온 김에, 채용 시험 이야기를 해보죠. 옛날에 교육전문직

채용 시험이 비판을 받았는데, 최근 들어서는 변화를 만들어 가고 있습니다. 그럼에도 불구하고 여전히 바뀌어야 할 요소는 무엇인가, 요즘 경향은 어떠한지 이야기해 봅시다.

홍섭근 : 제가 17개 시·도와 교육부를 분석해 봤는데, 2017년에도 약간 변화는 있지만 큰 변화는 없습니다. 최소기준은 교육부 법적 기준 5년이고, 대부분은 12~15년을 고수하고 있어요. 1차와 2차 평가로 구분하고, 1차는 지필, 기획·논술 가산점이 있는 시도가 있습니다. 예전 방식, 가산점 위주의 시스템을 고수하고 있는 시도도 2, 3군데 있죠. 그런데 가산점은 축소되는 추세고, 기획·논술 중심의 1차와 토의·토론과 심층면접 중심의 2차로 구분되는 추세입니다. 이러한 시스템은 진보교육감 이전과 이후로 나뉜다고 생각해요. 제일 많이 개혁한 곳은 전북교육청입니다. 상당히 많은 점수를 날리고 기획·논술만으로 뽑고, 전산평가도 선제적으로 도입을 했어요. 경기도교육청에서도 실천 경험을 지필 시험과 면접 단계에서 확인하고, 동료 교사들의 평판을 매우 중시하고 있습니다. 그런 것들이 파급이 돼서 지금은 거의 고르게 혁신이 되고 있죠. 정말 문제의식 있는 사람을 뽑기 위한 노력을 하고 있습니다. 기존에는 비교적 순응하는 분들을 중심으로 사람을 뽑았다면, 이제는 문제의식 있고 현장에서 실천했던 사람들을 원하는 것 같아요. 일반전형 외에

전문전형도 도입되는 등 임용 계열이 다양화되고 있어요.

정승환 : 학교에서 많은 실천을 했다는 것과 교육전문직으로서의 역량이 반드시 같지는 않습니다. 학교에서 실천을 잘했다는 것과 교육청에서 필요한 기획력을 지니고 있느냐는 별개입니다. 학교 안에서의 인간관계와 다른 큰 맥락에서 보는 통찰력은 등치되는 것은 아니기 때문이죠. 그래서 잘 뽑는 게 중요한데, 한 번에 잘 뽑을 수는 없어요. 시험에도 한계가 있기 때문에 저는 다방면으로 평가가 필요하다고 생각해요. 시험을 봐야겠지만 그다음에도 여러 가지 방면에서 봐야 하죠.

홍섭근 : 지금 일부 시 · 도는 수습 장학사, 인턴 장학사를 하고 있어요. 경기도는 올해부터는 3년 계열로 뽑은 후에 역량 평가를 실시하고, 한 번 더 검증이 되면 이후에 계속하기로 했습니다. 여기에 대해 불편해 하시는 분도 있는데, 말씀하신 맥락이에요. 한 번의 선발로 모든 것을 검증하기가 힘들죠. 교사와 장학사의 역할은 상이하기 때문에 그런 관점에서 시작한 것 같아요.

정승환 : 아까 말씀드렸다시피, 학교에 있을 때는 개인기로도 커버가 되죠. 나만 잘하면 되니까. 상담이든 평가든. 그런데 교육부나 교육청은 협력과 팀워크를 요구합니다. 시 · 도 교육청이나 행정

을 할 때는 공유하는 문화가 있어야 하는데 개인기가 뛰어난 사람은 여러 문제가 발생합니다. 사업이나 정책에 대한 전문성도 필요하지만 그것을 공유하고 동료를 이해하는 것도 중요한 덕목이에요. 그런 인재를 선발할 수 있으면 좋겠어요.

좋은 교육전문직의 특성

김성천 : 자연스럽게 넘어가서 자신이 만났던 좋은 교육전문직, 최악의 교육전문직을 이야기해 보고, 좋은 분들은 어떤 특성과 역량을 갖췄는지 이야기 부탁드립니다.

정승환 : 어떤 장학사들은 공감하고 감동을 이끌어 내려고 열심히 해요. 그 학교 선생님들이 그렇게 말해요. 그분의 본심이 통했던 거죠. 반면 다른 분도 있었어요. 전화를 하면 짜증내고 너무나 방어적이죠. 힘든 상황이 왔을 때 소명의식을 가지고 버티는 분들도 있고, '빨리 떠나야지' 하는 분도 계신 거예요. 그분들이 추구하는 가치는 모르겠지만, 일이 힘들어서 옆에 불평하고 전화를 할 때도 부정적으로 대응하신 것 같아요. 중요한 건 대부분의 사람들은 그분의 맥락을 몰라요. 듣는 것보다 자기 불평만 하면서 삐걱거리는 거죠. 잘하는 분은 역량도 있지만 진짜 공감하고 열심히 하려는 학교를 우선적으로 가요. 그래서 감동

받았어요. 중요한 건 바르게 이해하고 진심으로 정책에 공감하는, 해보자는 소명의식이 많이 중요하지 않나 싶어요.

김성천 : 교육전문직도 크게 2가지 모드인 것 같아요. 하나는 관리 모드, 하나는 혁신 모드. 관리 모드가 그동안 많았죠. 선배들 문서 보면서 숫자만 살짝살짝 바꾸거나 최소 방어만 했어요. 문제가 생기면 그것에 대응만 하고 기존 사업을 유지하는 거죠. 혁신 모드라는 건 문제의식을 갖고 돌파하기 위해 무엇을 해야 하는지 치열하게 고민하면서 학습 · 소통 · 전략을 세우고, 네트워크를 구축해 나가는 거예요.

그런데 제가 보기에는 다들 초기에는 혁신 모드를 해보겠다고 왔을 것 같은데 어느 순간에는 혁신에서 관리 모드로 가는 분이 많아요. 동일한 조건과 상황이고 어려운 건 마찬가지인데 이걸 돌파해 내고 강력한 추진력으로 뭔가를 만들어냈던 분이 있는가 하면, 어떤 분들은 더 좋은 조건을 가지고 있는데도 안 돼요. 이런저런 것 때문에 안 된다고 하다가 결국은 담당자가 바뀌고 정책이 퇴보하거나 현상 유지만 겨우 하는 걸 봤어요. 전 어렵고 힘들지만 혁신 모드로 해보려는 분들도 많이 봤어요. 그런 분들을 보면 대단하고 존경스럽죠.

홍섭근 : 저도 많은 교육전문직을 만나 봤는데 배울 점이 없던 분은 없

었어요. 장단점은 누구나 다 있죠. 교육전문직도 공격형이 있고, 수비형이 있는 것 같아요. 현장에서는 수비형을 제일 힘들어 하죠. 수비형은 문건을 가지고 이건 저렇다고 해석을 하고, 가장 안 되는 쪽으로 현장에 설명을 해요. 민원 들어오면 다 안된다고 그러고, '안 되는 걸로 알고 계세요.' 해버리니까 너무 힘들죠. 그런데 공격형은 '제가 책임질 테니까 하세요.' 하면서 적극적으로 권한을 행사해요. 그런 분들은 환영을 받죠. 그 외에도 인품이나 여러 가지가 있지만, 제가 봤을 때는 그 2가지 형태에서 최악과 최상이 나뉘지 않을까 해요.

성현정 : 일도 사람도 소신을 가지고 멀리 보는 것도 중요하지만, 일하는 공간, 같이 일하는 동료들, 일에 대한 태도도 중요해요. 내가 좋은 에너지를 가지고 힘든 일도 긍정적으로 기쁘게 해나가면 좋지 않을까 합니다. 현장에서 교육전문직을 많이 의지한다고 애기하셨는데 업무 시즌에 따라서 전화가 많이 와요. 하루에 거짓말 조금 보태서 만 통 받을 때도 있어요(웃음). 온갖 종류의 질문이 많아요. 사실은 공문에 있는 것을 물어보기도 하고요. 그런데 친절하게 대답하는 장학사가 있는가 하면, 전화기만 들었다 하면 고압적인 분이 있죠. 그거는 둘의 관계뿐 아니라 사무실 분위기도 좌우해요.

정승환 : 저는 교육부나 교육청에 업무 관련 문의 전화를 많이 해봤어요. 전화를 해보면 그분들의 일하는 태도와 자세를 어느 정도 감지할 수 있어요. 공세적으로 일하는 분들도 계시고, 수세적으로 방어적으로 일하는 분들이 계세요.

김성천 : 교사로 만났을 때 떠오르는 교육전문직은 없어요?

정승환 : 저는 2010년 이전과 이후가 크게 달라진 것 같아요. 2003년에 발령이 났는데, 지금 생각하면 말도 안 되는 일이 있었죠. 출장을 갔는데 한여름에 넥타이를 안 했다고 돌려보낸 일입니다. 선서식이면 이해를 하는데 일반 출장인데 높은 분이 온다는 이유로 넥타이를 안 했다고 뭐라 하는 겁니다. 또 지역교육청에 계신 분들도 따로 인재풀, 소위 동문풀을 가지고 있었어요. 흔히 말하는 새끼 장학사 같은 거죠. 인사업무할 땐 특히 내가 믿을 만한 후배들을 끌어다 쓰는 문화가 있었죠. 그런데 2010년 이후에는 확실히 그런 게 달라졌어요. 제가 느끼기에 2010년 과도기에 아까 얘기했던 관리형들이 드러나기 시작했어요. 현장의 선생님들도 의식 수준이 높아져서 내가 피해를 보면 문제를 제기하는 거죠. 관리 모드 분들은 따로 만나서 무마시키려고 하더라고요. 좋은 장학사의 출발은 좋은 문제의식이라고 생각합니다. 그리고 내 일에 대한 소명의식이 있어야죠. 순환하

지 않고 전문성을 쌓는 것도 한 방법이죠.

정승환 : 그런 게 필요하죠. 아까 제가 말씀드린 건, 지역교육청에 오래 있으면 소위 새로 오신 분에게 기피 업무를 넘기는 그런 문화를 얘기한 거죠.

교육전문직이 일하는 문화

김성천 : 학교폭력이라든지 생활지도 업무는 엄밀히 말하면 베테랑들이 맡아야 하는 건데 신임이나 갓 들어온 분들에게 넘기고 본인은 민원이 덜한 업무를 맡잖아요. 교직에도 그런 문화가 있긴 하죠. 저경력 교사나 전입 교사에게 덤탱이 씌우는 문화잖아요. 그게 사실은 교육전문직도 있는 거죠. 일반행정직은 그런 게 없나?

홍섭근 : 일반행정직은 그런 게 별로 없죠. 일반행정직은 몇 급 몇 호봉이 온다 하면은 거기에 맞는 업무를 비워 놓거든요. 지역교육청을 기준으로 봤을 때 신규 장학사들은 인사, 학교민주주의, 학교폭력이라든지 지방자치단체 협력업무 같이 힘든 걸 맡게 되죠.

성현정 : 그걸 끊어 주는 문화가 생겨야 반복이 안 될 것 같아요. 내가 초임 때 했어서 나는 편한 거 가야 한다고 생각하면 안 되는 거

죠. 그분들도 얘기하길 자기들도 작년까지는 안 그랬다고 하더라고요. 지역교육청에서 과장님이나 국장님의 운전 역할도 마찬가지 맥락이라고 봅니다.

김성천 : 제가 아는 장학사는 경력으로 보면 본인이 원하는 거 맡을 수 있는데도 생활지도, 학교폭력에 대응하는 팀을 만들어서 지원해 보겠다고 하니까요. 그런 모습을 보면 저런 모델이 많이 나왔으면 하죠.

홍섭근 : 지역교육청은 과장님이나 국장님 운전해 드리는 거. 교육장님만 있고 나머지는 운전하는 사람이 따로 없잖아요. 그게 과거부터 얘기가 나왔죠. 진보교육감 초기에 공문으로까지 하지 말라고 했어요. 하지만 여전히 남아 있고, 신규가 들어올 때마다 운전을 맡죠. 이건 선배들이 끊어 줘야 하는 거죠. 업무보다 의전이 힘들다고 해요.

성현정 : 제가 2013년에 발령을 받았는데, 그 사이에 의전 문화는 급격하게 좋아졌어요. 물론 여전히 행사 있을 때 수행 장학사 데리고 오시는 분들이 있긴 해요. 그렇긴 하지만 전반적으로 매우 나아진 건 사실이에요. 도에서는 타 부서랑 협업하고 공유할 일이 참 많거든요. 그런데 도장학사들을 보면 자기 업무만 열

심히 하는 사람이 있는가 하면, 타 부서랑 공유하고 협업할 일 있으면 항상 동의와 협조를 구하는 과정을 아무리 바빠도 생략하지 않는 사람이 있어요. 자기 업무 제치고 먼저 타과 업무 지원해 주기도 하고요. 그런 장학사들은 참 보기 좋더라고요.

교육전문직이 갖는 한계와 어려움

김성천 : 자, 이제 마무리 단계로 가야겠네요. 교육전문직이 갖는 한계와 어려움이 있거든요. 무엇을 어떻게 바꾸면 교육전문직이 본연의 업무를 할 수 있을까요?

성현정 : 민원이 정말 중요하긴 한데, 대응을 잘해야 하는 민원이 있는가 하면 들어주기만 해도 되는 민원이 있어요. 그런 것들이 걸러지지 않은 상태에서 전화를 받기 힘들대요. 예를 들면, 학교폭력 때문에 술 취해서 전화를 하신 거죠. 그럼 두세 시간 꼬박 들어줘야 하는 거예요. 그분은 제정신도 아닌데 대충 받으면 자기 말 안 들었다고 난리가 나기 때문에. 그래서 민원 창구를 일원화해서 한번 거르고 각 전문 분야로 안내해 줬으면 좋겠다고 말씀하시더라고요.

홍섭근 : 저도 동일한 생각이에요. 요즘 감정노동자 얘기도 나오고 전화

상담사도 끊을 수 있는 권리를 말하잖아요. 장학사님들이 민원을 받는 게 업무지만, 걸러 주는 장치가 없기 때문에 스트레스를 많이 받는 분들이 있어요. 그렇기 때문에 녹음 시스템이나 민원 대응 창구를 별도로 만드는 게 필요하다고 생각해요. 장학사 고유의 직무에 맞는 일을 해야 하는 거죠.

또 한 가지 얘기할 게 있는데, 지금 17개 시·도 교육청을 보면 일반행정직 대비 교육전문직 숫자가 4대 1 정도 규모예요. 이 비율을 2012년도 이후에 지방직 공무원으로 변환하면서 시·도 교육감이 증원을 할 수 있도록 변경은 했지만 실제로는 증원이 되지 않고 있어요. 행정관리담당관이나 총무과가 지역교육청의 정원까지도 조정하기 때문입니다. 교육전문직의 증원도 필요합니다. 다만, 그 증원은 교육지원청을 학교교육 지원센터로 전환하고, 현장의 필요에 대답할 수 있는 방식으로 활용해야 합니다. 관료 조직이 아니라 지원 조직을 그려야 하고, 그 그림 속에서 교육전문직의 역할과 기능을 모색해야 합니다.

김성천 : 조직의 예산, 인사, 감사 이런 영역들이 중요한 건데, 이에 교육전문직이 관여하는 구조가 아닌 거죠. 애초부터 그러진 않았을 것 같아요. 처음부터 일반행정직의 고유한 업무로 굳어져 있고, 어떤 건 교육전문직이 넘겨준 것도 있어요. 그래서 저는 교육전문직이 교육과정 영역에만 있는 것보다는 현장과 가교

역할을 해야 한다고 봅니다. 예산, 인사, 조직, 감사 영역에서도 교육전문직이 참여할 수 있는 공간이 보다 넓혀져야 한다고 생각합니다. 이건 교육전문직 개인이 아닌 교육감, 장관 수준의 결단이 따르는 문제예요. 관련 규정까지 바꾸어야 하기 때문입니다. 그러기 위해선 일반행정직과 교육전문직을 대립관계로 봐선 안 돼요. 서로 잘할 수 있는 영역이 있잖아요, 그걸 나누고 협업하는 거죠. 교육전문직도 법령을 공부하고, 예산을 이해해야 해요. 교육전문직이 행정에 취약하다는 얘기가 있어요. 앞으로는 이건 고유 업무고 저건 아니고 구분 짓기보다는, 교육전문직이 메울 수 있는 영역은 메워서 조직에서 균형을 잡기 위한 노력을 해야 한다고 생각해요.

김성천 : 제가 보니까 교육부만 해도 사무관 한 명 길러 내는 데 거의 2년 이상 시간을 쏟더라고요. 그러면서 법령 이해, 행정 실무는 기본으로 하고, 예산 편성, 공문서 작성, 기획 작성, 보도자료 만드는 데 엄청난 훈련을 시켜요. 그런데 교육전문직의 경우 연수 시간 자체가 짧고요, 실습 위주가 아니에요. 교사를 하다가 짧은 연수를 받고 바로 교육지원청에서 일하는 시스템입니다. 결국 제로베이스에서 다시 시작하는 모습을 보이고 있어요. 잘 선발하는 것도 중요한데, 선발한 사람들을 어떻게 직무에 맞게 잘 길러 낼 것인가도 중요한 포인트가 아닐까 생각합니다.

홍섭근 : 전 그걸 애기하고 싶어요. 인사, 감사, 예산 굉장히 중요하고 말씀하신 지적이 맞는데, 하나 더 추가해서 정책이란 부분이에요. 장학사들이 선발되기 위해서 각종 정책이라든지 시책 같은 걸 공부하는데 들어올 때뿐이에요. 들어온 후에는 배치되는 부서의 문서나 법규 정도만 보는 수준이죠. 이제 앞으로는 시·도 교육청에서 초·중등 교육정책을 맡게 될 거잖아요. 그런데 지금까지 초·중등 교육정책은 국회의원, 보좌관, 교수 그룹 같은 사람들이 많은 부분을 조정했어요. 교원이나 장학사는 그 안에 존재하지 않았던 거죠. 여러 가지 이유가 있겠지만 제가 봤을 땐, 교원의 역량에 대한 평가가 외부에서 그리 긍정적이지 않았기 때문인 것 같아요. 앞으로는 장학사가 될 분이라면 교육정책에 있어서 전문가가 되어야 한다고 생각해요. 들어와서 어느 정도 훈련 기간이 필요하겠죠. 지금은 일반행정직 정책기획부서에서 총괄을 하고 있는데, 그 부분이 앞으로 우리의 숙제가 아닐까 생각합니다.

정승환 : 교육전문직 역량을 스스로 입증해야 한다는 점에 동의합니다. 그럴 정도의 환경을 만들어 줘야 하고요. 그러지 않는 이유에는 어차피 여기 좀 있다가 학교로 나간다는 인식이 있는 것 같아요. 그리고 사무관과 똑같이 연수 시간을 가지면 좋겠지만, 경기도만 해도 교원이 10만이 넘어요. 반면, 사무관 숫자가 많

지 않으니 투자비용이 다르죠. 다 연계되는 문제인데, 결국 그런 환경을 만들어 주려면 오랫동안 일할 수 있는 여건을 마련해 줘야 해요.

그리고 아까 교육정책 전문가를 만들어야 한다고 하셨는데, 현실적으로 그렇게 예산을 투입하기 어렵죠. 싱가포르 해외 사례처럼 계열 제도를 도입하는 게 좋을 것 같아요. 그러면 학교에 있으면서도 정책을 공부할 여건을 만들어 줄 수 있고, 내가 교육행정이 적성에 맞는다 하면 사람인 이상 자아실현 욕구가 있어서 스스로 공부하게 되거든요. 어느 정도 혼자 공부할 수 있는 여건과 제도를 만들어 주고 입직한 다음에 모자란 부분을 보완할 수 있게 해주는 것도 같이 가야 한다는 생각이 드네요. 옛날에는 선생님들이 예산 업무도 했잖아요. 그런데 '우린 가르치고 평가하는 것만 할 거야' 하면서 그걸 다 잃어 버리게 된 거죠.

성현정 : 저는 행정과 장학을 하려면 예산도 알아야 된다고 생각해요. 그래야 내가 뭘 하려고 했을 때 예산을 어디서 끌어올 것인지, 어떤 게 효과적인 것일지 알 수 있는 역량이 생기죠.

정승환 : 그런데 아직까지도 일부 교육전문직에게 '나는 교육과정과 평가만 할 거야.'라는 마인드가 있다는 건 아직 그런 걸 고려 못하시는 것 같아요.

마지막으로 정책학에 대해 말하자면, 1960년대부터 쭉 이어져 왔어요. 그런데 교육정책개론은 나온 지 얼마 안 됐거든요. 그만큼 교육정책학은 소위 얘기해서, 정책학에서 보면 변방입니다. 교육전문직과 실천하는 교사 그룹을 중심으로 해서 그런 영역을 발전시켜야 합니다.

김성천 : 마무리를 지어야겠네요. 교육전문직을 꿈꾸는 분도 있고 현직에서 고생하시는 분들도 있습니다. 각자의 위치에서 그들에게 해주고 싶은 마무리 발언 부탁드립니다.

마무리 발언

홍섭근 : 최근에 교육전문직을 만나거나 신규들을 만나면, 뭐랄까, 의지는 많으세요. 그런데 전 그 과정들을 몇 년간 봐왔잖아요. 그런게 현실에 부딪혔을 때 꺾여 버릴 가능성이 크거든요. 그 부분을 개인이 아니라 네트워크로 돌파해야 해요. 이분들이 현실에 버거워서 돌파를 하기보다는 관행에 익숙해져 버릴 가능성이 커요. 저는 연대해서 뭔가를 바꿔 보는 것을 목표로 삼고, 그 지점을 향해서 갔으면 좋겠다는 생각을 해요. 왜냐면 본인들은 버티다 보면 지나가겠지만 후배들도 올 텐데 그분들이 현실과 타협해 버리면 후배들이 영향을 받는 거거든요. 새롭게 시작하

고 준비하는 분들이 장학사 되는 게 끝이 아니라 목표의식을 가지고 바꿔 보겠단 꿈도 가지면 좋겠습니다.

장지혜 : 네, 그리고 저희 학교에는 '장학사와의 만남'이라는 시간이 있어서 대화를 할 수 있는 시간이 있어요. 전 참석해 본 적은 없지만, 선생님들이 말해도 바뀌는 것이 없다고 하면서 형식적으로 진행되는 것 같더라고요. 학년에서 한두 분씩 가세요. 물어보면 매 학기 비슷한 얘기를 하고 온다더군요. 그럴 거면 왜 하는 걸까 의문이 들었어요. 처음에는 열심히 개선사항을 얘기해도 바뀌는 게 없으니 입을 닫게 되는 것 같아요. 말해도 반영이 잘 안 되면, '어차피 말해도 안 바뀌는데' 하면서 무력감이 생기잖아요. 현장의 얘기를 잘 반영해 줬으면 좋겠다는 생각이 드네요.

성현정 : 전 도교육청에 처음 올 때, 사람들이 '도교육청 정글이다. 아무도 믿지 마라'란 충고를 해줬어요. 속으로 '사람 사는 덴데 그런 게 어디 있어' 하고 생각했죠. 기존의 관습이나 부당한 것에 대항할 때, 나의 가치와 소신을 가지고 일을 할 때 가장 중요한 건 동료인 것 같아요. 아까 네트워크 얘기를 하셨지만, 먼 곳에 있는 것 못지않게 가까이 있는 네트워킹이 중요하거든요. 새로 교육전문직 하시는 분들은 혼자 갈 생각하지 말고 좋은 분과 함께 갔으면 좋겠어요.

정승환 : 아까 얘기했듯이, 처음 하는 분들이 문제의식을 가졌으면 좋겠어요. '난 10년 전에 무슨 문제의식을 가졌었지?' 생각해 보면 사회에 대한 고민은 아니었고 저 개인에 대한 문제의식을 가졌던 것 같아요. '어떻게 살아야 하나' 하는 것들이었죠. 문제의식이 개인이 됐든 사회가 됐든, 사람이 궁하면 통한다고 길을 찾아 가더라고요. 젊었을 때, 현재에 만족하지 말고 스스로 전문성에 대한 고민을 해보면 좋지 않을까 싶어요. 그게 발전의 원동력이 되기도 하고요.

김성천 : 얼마 전에 민주화를 위해 헌신했던, 소위 운동권이라 불리는 분이 저를 보면서 부럽다고 하시더라고요. 자기도 사회를 바꾸기 위해 청춘을 바쳤는데, 여전히 결핍에 시달린다고. 본인은 예전에 아이 분유값을 내지 못할 정도로 어려운 삶을 살았는데, 교사나 교육전문직은 경제적으로도 안정되어 있으면서도 뜻 맞는 사람들과 변혁을 꿈꿀 수 있는 사람들이 아니냐고 하더군요. 교사들이 부럽다는 얘기를 들었을 때, 안 된다고 징징거렸던 제 자신이 부끄럽더라고요. 우리보다 열악한 조건에서 변화와 혁신을 위해 애쓰는 분들이 참 많이 있는데, 돌이켜보면 우리는 얼마나 많은 것들을 가지고 있는 건가 생각이 들죠. 다른 시각으로 보면 누군가는 교사와 교육전문직을 기득권으로 보고 있습니다. 가진 것을 어디에 어떻게 쏟을 거냐가 중요한 것 같아요.

교육전문직은 다면적인 얼굴을 갖고 있다고 봐요. 교육자로서의 모습, 연구자로서의 모습, 행정가로서의 모습, 정책 기획가으로서의 모습, 운동가로서의 모습도 있다고 생각해요. 혹은 예비 교장, 교감일 수도 있겠죠. 이런 여러 가지 모습 중 운동가라는 모습, 즉 어떤 의미와 가치와 철학과 비전에 대해 확산하고 퍼트리는 사람이라는 관점을 가지고 있다면 수비형이나 관리형 모드로 안주할 수 없어요. 현재의 상황에서 교육전문직이란 자리에 계속 있긴 힘들죠. 언젠가 떠나게 될 텐데, 떠날 때 이 일만큼은 내가 해냈다, 시도했다 하는 본인만의 이야기를 풀어 낼 수 있는 사람이 되기 위해 더욱 노력하고 고민해야 하지 않을까 생각합니다.

부록

1. 외국의 장학제도
2. 교육부 및 시·도 교육청 교육전문직원 선발 계획
3. 교육행정기관 조직도
4. 창의적인 기획안(사업안), 이렇게 써보자

가. 미국

미국은 50개 주로 구성된 나라로 러시아, 캐나다에 이어 세 번째로 넓은 나라이다. 다양한 민족이 이주하여 정착한 다민족 국가이며, 인구는 약 3억 1천만 명으로 세계에서 세 번째로 인구가 많은 국가이다. 미국의 50개 주는 나름의 독립성을 유지하면서 주정부가 주를 이끌어 가고 있다. 교육제도와 장학제도는 주별로 다양한 형태로 운영된다.

미국에서도 장학은 많은 변화를 거쳐 왔다. 미국은 인구가 늘어나고 조직적인 학교가 설립된 이후 장학 담당자의 필요성이 제기되었다. 초기 장학 담당자들은 권위적인 방법으로 교사들이 준수해야 할 조건을 제시하고 이를 확인하기 위해 교실을 방문하였다. 이후 사회 변화를 겪으며 장학의 방향과 방법도 변화를 겪게 된다. 초기 장학에 대한 접근이 관료적이며 감독의 방향이라면, 현재는 민주적이며 참여의 방향으로 전환되고 있다.

주마다 다양한 형태로 운영하고 있어 교육전문직의 명칭과 활동도 다르다. 교육전문직은 교육전문가(Educational Specialist), 교육행정가(Educational Administrator), 교육 프로그램 전문가(Educational Program Specialist), 장학(Supervisor, Consultant, Coordinator, Specialist, Inspector, Director) 등 다양한 명칭으로 불리고 있다.

교육전문직의 자격 기준은 주에 따라 상당한 차이가 있지만, 대체적으로 3~5년 정도의 교직 경력과 석사학위(교육행정, 장학론, 교육과정 개발, 수업평가, 교육행정 인턴십 등 일정 학위 이수), 그리고 교육행정가 자격증 소지와 교수 추천 등을 요구하고 있다.

17세기까지는 비전문가 주도의 장학으로 시찰 또는 감독의 성격을 가지고 있었다. 이후 20세기 초반까지는 전문가의 참여로 교육과정 및 수업 개선에 목적을 두었다. 즉 전문적 · 기술적 지도 및 조언, 집단적 · 협동적 과정을 담당하였으며, 연구 수업 · 학습 효과 측정 · 평가 방법 등을 담당하였다. 20세기 후반에 들어서면서 현장 중심의 자율적 · 민주적 장학 활동으로 전개되었다. 교육전문직은 교육감을 도와서 회계 · 학교 시설 관리 · 교육과정 · 홈스쿨링(Home Schooling) 등 교육구의 교육행정을 분담하고, 관할 지역의 학교를 순회 방문하고, 학교교육을 지원하거나 평가하는 등의 활동을 수행한다.

이윤식(2015)은 미국의 장학 변화 동향을 다음과 같이 분석했다. 장학의 초점이 개인에서 집단 · 조직으로 전환되고, 감독 · 평가라는 관점에서 성장 · 지원이라는 관점으로 변화하고 있다. 또한 미시적 맥락에서 거시적 맥락으로 전환되며, 장학을 통해 학교 내 · 외부에 협동적 공동체를 형성하려는 노력을 중시하고, 장학에서 교사 리더십 개발 · 발휘와 권한위임 확대를 통한 교육활동 개선 노력을 하고 있다.

지역 교육구에서 결원이 발생할 경우에는 공개 채용 절차를 거치게 된다. 전형 방법으로는 서류 평가, 심층면접 등의 방법이 적용되고, 전형 절차는 대개 4단계의 절차를 거친다(제1단계 서류 평가, 제2단계 심층면접, 제3단계 교육위원회의 승인, 제4단계 신원 조회). 미국의 교육전문직 선발제도는 주별, 지역 교육구별로 매우 다양한 특성을 지니고 있다. 위스콘신주 메디슨 메트로폴리탄 교육구의 경우, 일반적인 선발 절차를 거쳐 선발 후 계약서를 작성하는데 임기는 1년이고, 1년 계약 종료 후에는 2년 연장이 가능하다.

미국의 장학제도를 우리나라와 단순 비교하기에는 어려움이 있다. 미국과 우리나라의 정치적·문화적 환경도 큰 차이가 있으며, 교육제도 역시 많은 차이가 있다. 미국과 우리나라 모두 장학사의 역할은 학교의 교육활동을 도와주고자 하는 데 공통점이 있다고 할 수 있다.

장학사와 관련하여 미국이 우리나라와 가지는 가장 큰 차이점 중의 하나는, 미국에서는 평교사가 교장이나 장학사가 되지 않는다는 점이다. 교사가 되는 과정과 교장이나 장학사 등 교육행정가가 되는 과정은 별개의 것이다. 미국에서 교장이나 장학사가 되려면 대학에서 교육행정 과정을 거쳐서 자격증을 받아야 하며, 그 내용 또한 교사 양성 교육과는 다르다. 이처럼 장학사 또한 별도의 과정에서 선발되어 그 역할을 지속적으로 수행한다는 점은 우리나라와 차이가 크다.

미국은 교육행정 영역과 교수-학습 영역을 구분하고, 그 영역에 적합한 사람들을 선발한 후 주어진 역할을 수행할 수 있도록 장치가 마련되어 있다. 직렬과 역할이 제도적으로 엄격히 구분되어 있는 것이다. 그러다 보니 그들이 수행하는 직무 자체도 우리나라와 현저히 다르다. 심지어 교장이 하는 일이 교사가 하는 일보다 힘들고, 특히 많은 법적인 시비에 관여해야 하기 때문에 많은 교장이 이직을 하여 장학사나 교장이 상당히 부족한 실정이라고 한다. 직렬의 이동 없이 오랜 동안 역할을 수행해 나갈 수 있다는 것은 자신의 영역에서 전문성을 꾸준히 높여 갈 수 있다는 긍정적인 면이 존재한다고 예상할 수 있다.

교사에서 출발하여 개인의 경험과 준비에 따라 장학사, 교감, 교장 등 교육행정직으로의 진입이 비교적 자유로운 우리나라의 상황에 비추어 참조할 부분이 있는 것도 사실이다. 우리나라의 경우 다른 사람보다 먼저 교감이나 교장이 되려고 경쟁을 하는 학교 풍토가 형성되었다. 승진이나 다른 직렬로 진출하는 데 관심을 가지기보다는 학생들과 수업하고 생활하는 일 자체에 보람을 느끼며 살아가는 교사들이 자칫 승진에 패배한 사람으로 오인될 심각한 우려까지 낳고 있는 실정이다. 장학사의 경우도 미국의 제도에서 긍정적인 부분은 검토할 여지가 있다. 장학사의 역할이 무엇인가에 따라 선발 방법과 직렬의 유지 방법 등 제도가 정비되어야 할 것이다.

나. 영국

영국의 학교는 중세시대부터 자생적으로 발달했으며, 19세기 중반에는 일반 대중을 위한 학교가 설립되기 시작하였다. 정부의 체계적인 관리 훨씬 이전에 다양한 학교들이 발전해 왔기 때문에 지역에 따라 학제가 다양하며, 정부도 학교의 다양성과 자율성을 최대한 존중해 주는 선에서 교육정책을 수립하고 있다.

영국의 교육전문직 인사제도는 국왕에 의해 임명되는 칙임장학관(Her Majesty's Inspector, HMI)과 새로운 장학기구인 교육표준청 내의 등록장학관(Registered Inspection), 그리고 지방교육청(Local Education Authority) 소속의 지방장학관(Advisor, Inspector, Organizer) 등 3단계로 운영되며, 교육전문직은 한 번 직위에 임용되면 정년까지 해당 직위에서 근무하게 된다.

국가 장학의 경우 장학팀이 모든 영역을 대상으로 직접 자료를 수집하여 진행하는 반면, 지역 장학은 해당 학교의 여건을 인지한 상황에서 문제점과 애로점을 주 대상으로 장학을 실시한다. 칙임장학관의 임무는 전문가로서 독립성이 보장되며, 전국 학교를 대상으로 한 시찰과 조사의 결과를 국왕에게 보고하는 일과 교육 과학성과 지방교육당국 등 교육행정기관을 지도하고 교원들에게 직접적인 조언을 수행한다. 지방 장학과 밀접한 관계를 유지하면서 각 지방의 우수사례를 수집하고, 그중 모범 사례를 선정하여 전국의 교사에게 알리는 역할을 한다.

지방교육청의 지방 장학관은 주로 교사 경력자 중에서 선발을 거쳐 임용된다. 지방장학관은 지원적인 성격으로, 지방교육당국에 대한 보고와 조언뿐만 아니라 관내 교원센터와 교육과정개발센터 등에서 교원의 연수 기능 등을 담당한다. 학교교육 활동을 지도·감독·평가하고 단위학교에 대한 장학 지도는 교육표준청의 주관으로 여러 등록시학관으로 구성된 팀에 의해서 실시된다.

영국에서 이루어지는 장학제도는 장학 절차가 섬세하다는 점에서 인상적이다. 장학 준비(1단계) → 방문(2단계) → 장학팀 준비(3단계) → 장학 과정(4단계) → 장학 후 과정(5단계)의 절차로 진행된다. 장학을 실시할 학교에 대한 사전 조사와 사전 협의, 사후 결과 처리 등 과정이 모두 학교의 교육활동 발전에 집중되어 있다는 점이 우리의 형식적인 장학제도와 거리감을 느끼게 된다.

영국도 미국과 마찬가지로 한 번 직위에 임용되면 정년까지 해당 직위에서 근무하고 있다. 해당 분야에 대한 전문성에 중요한 가치를 두고 있다는 판단에서 지속되는 제도라고 예상해 볼 수 있다.

다. 프랑스

프랑스의 교육행정은 전통적으로 중앙집권주의 특징을 보인다. 중앙정부 수준에서 교육에 대한 책임은 교육부뿐만 아니라 대학부 · 청소년 · 스포츠 · 여가부에서 고루 나누어 담당하며, 책임 또한 고루 나누어 담당하기 때문에 각 부서의 장관은 교육을 위해 서로 유기적인 연계를 갖고 있다.

프랑스는 교육행정과 학교교육을 연계하는 유기적 기능을 수행하기 위해 교육부와 지방의 교육행정 조직 사이에 효율적인 장학 협력 체계가 구축되었다. 교육부는 국가 교육과정의 이행과 교육 상태를 점검하기 위해 전국을 대상으로 교육에 관한 장학과 교육행정에 관한 장학으로 이원화하였다.

프랑스에서 학교장 선발과 임용은 교사 중에서 교수 실천 · 행정 · 인간성 측면을 고려하여 평균 45세 이상에서 선발하지만, 예외적으로 우수

교사의 경우 30세에도 선발이 가능하다. 장학관 선발은 교사와 교장 그룹 중에서 선발하며 교수 실천 · 행정 · 인간성 · 국가 봉사심이 투철한 정도를 고려하며 평균 45세 이상에서 선발한다. 교장 그룹에서 1/4, 교사 그룹에서 3/4 정도 선발하며, 예외적으로 20대 후반에도 선발이 가능하다. 선발 후 직무 연수와 생애 연수를 진행하는 것이 프랑스 제도의 큰 특징이다. 특히 직무 연수는 합격한 교사를 행정가로 전환시키기 위한 세미나 위주의 이론 연수를 4월부터 7월까지 받고, 9월부터 차년도 6월까지는 개별교수 방법(튜터 시스템)으로 운영되는 현장 직무 연수를 실시한다. 단위학교는 튜터를 선정하여 지원하고 1년간 포트폴리오를 작성하여 관리한 후 최종 임용 판단시 활용한다. 결과가 적절하지 않으면 다시 교사로 복귀시키는 형성평가의 기능을 수행한다. 직무 연수 결과는 형성평가 결과를 합산하여 결정되며, 결과 등급은 제명 · 1년간 재연수 · 임용의 3가지이나 대부분이 임용된다고 한다.

프랑스에서도 장학사의 주된 역할은 교육과정 점검, 교수법 자문, 교사 연수 등을 담당하고 있다. 장학사의 역할은 ①모든 교육 주체(교사, 회계, 교장)의 담당업무 수행을 관리 ②전문가로서 평가 업무를 담당하는데 주로 교과 전문가로서 능력을 검증하는 역할, 쌍방향 전문가 업무(현장과의 실행 업무, 교육보고서 작성) 등을 수행 ③교육정책 실행 업무로 교과교육 차원과 특정 지역 차원을 담당할 수 있음. 즉 교육전문직으로서 장학관은 학교장 복무 임명서를 작성하고 목표 달성 계획을 실행 ④교사와 학교장을 지원하는 것이다.

교육전문직 전용 도서실을 구비하고 있다는 점 또한 흥미롭다. 오전 9시부터 23시까지 운영되고, 3명의 정식 사서 교사가 근무하며, 1일 이용 인원이 300명이라고 한다. 연구와 연수가 일상화된 태도를 엿볼 수 있다.

프랑스의 교육제도나 체제가 우리나라와 많은 차이를 가지고 있어 단편적으로 비교할 수는 없다. 프랑스 교육전문직 제도에서 의미 있는 부분은 교육전문직의 전문성을 높이기 위한 연수 단계를 철저히 관리하고 있다는 점이다. 선발에 많은 노력을 기울이고, 선발 이후 각자도생(各自圖生)의 길을 가야만 하는 우리나라 제도와는 차이가 있다.

우리나라의 경우 시·도 교육청마다 차이가 있을 수 있으나 장학사 선발 시험에 합격한 이후 임용 전 1달 남짓 연수를 받는 것이 전부라고 할 수 있다. 오랜 기간 교사로서의 삶을 살아온 교사들이 어느 날 갑자기 교육전문직으로서 행정까지 담당해야 하는 현장에 놓이게 된다. 임용고사에 합격 후 어느 날 갑자기 교사 발령장 하나 받고 학교라는 치열한 교육현장에 던져지는 신규 교사의 모습과 동일한 상황에 또 처하는 것이다.

신규 장학사가 기댈 곳은 오로지 전임 장학사이다. 대체로 장학사 발령을 받고 업무 인수를 받기 위해 교육청에 가서 가장 많이 듣는 업무 설명은 "모든 자료는 업무 관리 시스템에 있어요."이다. 전임 장학사로부터 이런저런 업무 설명을 듣고, 가장 시급히 처리해야 할 일이 무엇인지에 대한 설명을 듣지만, 그 장황한 설명이 신규 장학사의 귀에는 이미 공허하게 떠다니는 외계어에 불과하다. 교수-학습 언어 속에서 평생을 살아온 교사들에게 교육청의 행정 용어는 제3세계의 언어와도 같기 때문이다.

그런 점에서 프랑스의 약 1년 2개월간의 사전 연수는 앞으로 그들이 해야 할 역할에 대한 전문성을 심어 주기에 부족함이 없어 보인다. 또한 임용 후 지속적인 생애 연수, 전용 도서관을 갖출 정도의 개연 연구에 대한 강조, 그리고 그것을 제도로 보장해 주는 시스템은 우리의 교육제도에서도 고려해 볼 점이다.

라. 일본

일본의 교육전문직 직제는 중앙의 문부성에 주임 장학관, 장학관 그리고 교과 조정관이 있다. 지방은 교육위원회에 주임 장학사와 장학사가 학교 장학을 담당한다. 문부성의 장학관은 초·중등 교육국에 관하여 연락·지도를 하며, 교과 조정관은 초·중등 교육과정 구분에 관한 조사와 교육과정에 관한 지도·조언을 담당한다. 일본의 지도주사(指導主事, supervisor)는 우리나라 장학사에 해당되는 교육전문직으로, 상급기관의 지시에 따라 학교의 교육과정, 학습 지도, 학생 지도, 그밖의 학교교육에 관한 전문적 사항에 지도를 담당한다.

2002년 일본 동경도의 지도주사 제도의 예를 들면 전형 자체를 분리하고 있다. A전형은 젊은 교원을 대상으로 행정 감각이 뛰어난 관리직 육성을 목적으로, B전형은 교육 실천에 뛰어난 주임 경력이 있는 중견 교원을 대상으로 학교 운영에 최적화된 관리직 육성을 목적으로 한다. 특별전형은 교직 경험이나 교원 자격이 없는 기업체, 민간인, 학교 일반 직원, 교육위원회 직원 등을 임용하고 있다. 그런데 지도주사의 임용 전

연수 기간이 1년으로 짧아 인재 육성 및 관리직으로서의 적성 검증 기간이 충분하지 못하다는 지적으로 A전형은 5년간, B전형은 2년간의 관리직 후보 기간을 두어 학교 및 학교 이외의 직장 간 잡 로테이션(job-roration)을 실시하면서 관리직 후보 연수를 실시하여 자질 향상을 도모한다는 전략으로 바뀌었다.

역사적으로 일본이 우리나라 장학사의 모태가 되는 시학관 제도를 전파한 나라임을 돌이켜볼 때, 현재의 일본과 우리나라의 장학사 제도는 큰 차이를 보이고 있다. 일본의 임용 전 연수 기간이 1년도 짧아 2년과 5년의 후보 기간을 두고 있다는 점은 부러움과 놀라움을 갖게 만든다. 장기적인 준비 기간을 두고 있다는 것은 지도주사 역할의 중요성을 어떻게 인식하고 있는지를 증명하는 것이기도 하다.

나라마다 교육행정 조직이 다르고, 그 조직에 따른 행정직제도 다르고, 교육전문직의 선발 방식과 역할에도 차이가 있다. 또한 학교운영과 교육에 관한 장학, 행정, 학교 평가 등 나라마다 교육전문직의 역할은 차이가 있다. 그러나 그 다양성 속에서 드러나는 공통점은 학교교육 활동과 관련된 다양한 업무를 포괄적으로 수행한다는 점이다. 외국의 교육전문직이 담당하는 직무를 감안해 볼 때 우리나라 교육전문직의 직무는 더욱 다양하지만, 학교교육보다 교육행정 업무에 치중하고 있다고 분석하는 경우도 있다.

2016년 기준 교육부 및 시 · 도 교육청 교육전문직원 선발 계획 요약

지역	1차	배점	2차	배점	3차	배점	자격 요건	특징	시험 시기 응시 자격 기준
교육부	시 · 도 교육청 추천 서류전형(합, 불)		기획력 · 논술 평가 –교육정책 기획안, 교육 현안 또는 전공 관련 논술	40	심층면접	60	교육 경력 5년, 1급 정교사, 현직	–2차 전형은 선발 예정 인원의 3배수 –시 · 도 교육청에서 선발 분야별 2배수 (서울 3배수, 경기 4배수) –합격자는 7년간 원칙적으로 전직 금지 후 원 소속기관으로 일방 전출 –수습 기간(6개월 이상)	2016년 01월
서울	교직 실무 –논 · 서술형, 사업기획안 교과전문성 –논 · 서술형	100	현장 근무 실태 평가 –학교 방문, 유선 확인, 온라인 설문 심층면접 –집단, 개인	40 20 40			교육 경력 12년 (파견, 군휴직, 육휴 등 인정) 근무평정(초등은 보직) : 2년 우 서울 관내 5년 이상	–중등은 전공 과목이 존재, 일반(공통, 수련, 학교혁신, 교육협력복지)은 전체 응시 가능 –초등은 교감TO 별도 선발. 교감은 19년 이상(원감은 17년) –4회 이상 시 감점제 –1차 합격자는 정원의 2배수(1명은 3배수 선발) –가감점제가 존재(학위, 연구점수, 보직 경력, 파견 경력, 저서, 실적, 학술지 등) –2017년, 사업기획안 영역 조정(폐지, 축소) 예고	2016년 01월 –교육 경력 : 학기말 기준(2016.9.1.)
경기	교직 · 교양 –일반, 지역전형, 정책 논술, 기획 영어회화 –영어전문전형만	전형별 합 40	수업 전문성 평가 정책 토의 · 토론 심층면접 –순환보직형은 면접만 실시	전형별 합 40	근무 평가	10	교육 경력 12년(휴직 제외), 부장 경력 1년	–초등은 일반으로 중등은 계열(인문사회 · 자연과학 · 예체능 · 외국어 · 전문교과)별로 선발 –전문전형, 지역전형, 순환보직전형 –순환보직전형은 3년 내 임용 전 직위로 복귀, 상위자격증 취득 불가 –1차 1.5배수 선발 –3회 횟수 제한 도입	2016년 6월 –교육 경력 자격일 기준은 공고 시점
인천	서류전형 기본소양 평가(서술 · 논술형 평가)	5 25	현장 평가 실적 및 직무수행능력 평가 심층면접	70			교육 경력 15년 인천시 8년 보직교사 1년	–중등은 과목별과 공통으로 구분 –특수 분야(교육정책 기획, 교육혁신, 정책연구, 생활교육, 정책공보) 과목 공통 응시 가능. 정책공보는 초 · 중등 공통 –2차 전형 응시 인원 정원의 2배수 이상(모집 인원에 따라 차등)	2015년 12월 –교육 경력 자격일 기준은 공고 시점

지역	1차	배점	2차	배점	3차	배점	자격 요건	특징	시험 시기 응시 자격 기준
강원	논술 시험 –기본소양, 교육시책, 장학론 기획 능력 평가 –교육현안 관련 기획보고서 작성	70 30	현장 평가 –인성적 자질, 업무수행 능력, 근무 태도, 대인 관계 역량 평가 –교육현안 발표, 컨설팅 장학 및 코칭 역량 심층면접 –교육관, 지도성, 도덕성, 교직 실무	100 50 50			교육 경력 15년(군 경력 포함)	–평가위원 2분의 1 이상 외부 위원 –1차 합격자는 정원의 1.5배수(1명은 2배수) 선발 –초등교육과 중등교육으로 구분, 영양교사 유치원, 특수는 별도 선발 –3회 이상 불합격한 자 응시 제외 –2017년부터 1차 전형은 컴퓨터 이용 시험(CBT: Computer Based Test)	2016년 4월 –교육 경력 학기말 기준(2016.8.31.)
전북	서류 심사 –결격 여부, 자기소개서 정책 논술 –교육제도나 정책 등에 대한 문제점 진단, 새로운 대안 제시 능력 평가 정책보고서 –혁신과제 수행과 교육현안 문제에 대한 실제 아이디어 제안	25	직무수행 계획서 –업무의 효율적 추진을 위한 제안, –자신만의 구상 기술 교육활동 실적 평가 –교육활동 실적을 평정 척도에 따라 포트폴리오로 제출 인성 및 다면 평가 –온라인 평가	25	심층면접 –수업 개선 컨설팅, 학교 컨설팅 상호 토론 –현장 조정 및 소통 역량	50	교육 경력 12년 (파견, 군 경력 포함) , 보직교사 2년	–외부평가위원 50% –중등교육전문직원은 10% 범위 내 사립 교사 선발 –교감TO 별도 존재 –중등의 공통 분야로, 21명 중 15명 선발 –3회 응시 제한 –1차 : 정원 2.5배수, 2차 : 정원 1.5배수, 3차 합산 최종 1배수 선발 –컴퓨터 이용 시험	2016년 12월 –교육 경력 학기말 기준(2017.3.1.)
전남	서류 심사 –교육활동 실적, 증빙 자료 기획력 · 문제해결력 · 직무 능력 현장 실사 –교직원평판, 다면평가	25 50 25	역량 평가 심층면접	70 30			교육 경력 12년 이상 전남 5년	–야영수련, 전문상담, 진로분야 별도 선발 –초등은 교장(교감) 대상 TO별도 존재 –교육전문직원 부적격 인정자는 이전 직위로 발령 –1차 전형 합격자는 정원의 2배 선발 –1차 전형 합격자를 외부전문기관 위탁하여 집합 · 집중 평가(주말 포함 3박 4일) –5회 이상 횟수 제한 –서류 심사에 각종 가산점 (연구, 학위, 보직교사, 자격증) 존재 –2차는 컴퓨터 활용 시험	2016년 5월 –교육 경력은 공고일 기준

지역	1차	배점	2차	배점	3차	배점	자격 요건	특징	시험 시기 응시 자격 기준
세종	서류 평가 –직무수행 계획서, 자기소개서, 교육활동, 연구 실적	적부	정책 논술	50 50	기획 토의 · 토론 심층면접	30 30 40	교육 경력 15년(병역휴직 포함)	–전국단위 공모 형태 –3회 응시 제한 –교감 TO 별도(세종), 경력직 전문직 별도 선발 –중등은 전공 구분 없이 선발 –1차 전형 합격자는 정원의 2배수, 전문전형이나 교감 전형은 3배수 선발 –외부평가위원 80% 이상 구성 –임기제 교육전문직원(보건, 유아)은 세종시 소속 교원 제한. 임기제는 2차 전형 면제. 만족도 2년 연속 하위 10%에 해당될 시 임용 전 직위 복귀 –자기소개서와 교육활동 실적(30쪽 이내)은 3차 심층면접 기초자료로 활용	2016년 11월 –교육 경력은 학기말 기준(2017.3.1.)
광주	서류전형 장학역량 평가 –논술형 평가, 장학 컨설팅 역량 평가	8(교감 6) 150(교감면제)	다면 평가 실무역량 평가 –보고서 작성 및 PT, 심층면접, 상호 토론	210 (교감 160)			교육 경력 15년	–교육 경력, 군 경력 포함. –교감TO 별도 존재 –5회 이상 응시 제한(2008년 이후) –1차 합격자는 예정 인원의 2배수 선발	2016년 5월 –교육 경력은 공고일 기준
부산	서류전형	46(초) 50(중)	기본소양 평가 –교직 · 장학 실무, 부산교육계획	20	역량 평가 –기획 –장학 능력 –면접 현장 평가	30 30 40 30	교육 경력 15년(군 경력, 육아휴직 기간 포함) 근평 우 이상(중등)	–3회까지만 응시 가능 –기획력 평가는 워드프로세스 활용, 장학능력 평가는 논술형으로 B4용지 양면 작성 –교육전문직 임용 후 적성 및 자질이 부적격일 때에는 임용 이전 직위로 전직 –특별전형 1명은 과목, 학교급 구분 없음. 1차 서류전형 202.75점, 역량 평가(장학능력 평가 30, 면접 40), 현장 평가 30점 합산으로 선발	2016년 6월 –교육 경력은 학기말 기준(2016.8.31.)

지역	1차	배점	2차	배점	3차	배점	자격 요건	특징	시험 시기 응시 자격 기준
경남	논술 평가 기획력 평가	50 50	심층면접 –자질과 혁신 역량 –즉문즉답	45 25	교육활동 평가 –직무수행 계획 –교육활동 실적 평가 –현장 실사 평가	15 15 적부	교육 경력 15년	–전문영역(진학, 학교문화, 대안교육)과 통합으로 구분 –1차 전형 후 선발 예정 인원의 3배수 선발 –2차와 3차 전형 후 예상 정원의 2배수를 선발하여 현장 실사를 통해서 최종 1배수 선발 –4회 응시자서부터 감점제 실시	2015년 12월 –교육 경력은 학기말 기준(2016.2.29.)
경북	서류전형 –교육장 추천, 경력 및 가산점 기본소양 평가 –논술, 자질 · 소양 인성 평가	50 (초등, 교감) 70 (중등)	기획력 –기획안 작성 컨설팅 능력 –심층면접	교사40 교감 (장) · 50			교육 경력 15년 2년간 근평 우 이상	–1차 1.5배수 선발 –교육 경력은 육아휴직, 군 경력, 기간제 포함. –인성 평가는 교사 응시자에게만 해당 –중등은 과목별 선발을 하며, 교감TO가 별도 존재 –중등은 전공 주관식이 존재	2016년 11월 –교육 경력은 학기말 기준(2017.2.28.)
제주	서류 평가 –경력, 연구 실적, 근무 성적, 표창, 가산점 논 · 서술 평가 –교육정책, 교육현안	15 25	현장 실사 기획 능력 면접	10 30 20			교육 경력 15년 제주도 5년	–현직 교감 TO와 교감 자격증 소지자 TO 별도 존재 –가산점 평정이 들어감. –1차 합격자는 정원의 3배수 선발	2016년 5월 –교육 경력은 공고일 기준
대전	서류 심사 –기여도, 경력 , 포상, 학위 소지, 가산점, 보직교사, 담임교사 등	20 (교감 제외)	정책 기획 능력 평가 논술 평가 교육활동 실적(교감만 해당)	40	역량 평가 –수업 설계 –수업 컨설팅 평가 –심층면접 –다면 평가	40 (교감 60)	교육 경력 17년 –군 경력, 육아휴직 포함, 기간제 제외 –근평 우 이상 –담임 경력 5년 이상, 보직교사 경력 3년 이상	–1차 전형 : 3배수 선발, 2차 전형 : 2배수 선발 –2차 및 3차 전형은 컴퓨터를 활용하여 작성 –교감 계열 TO 별도 존재 –중등은 과목별 TO가 있음, 교감은 전 교과 선발 –4회 이상 감점제 적용 –교사 의무복무 6년, 교감은 2년 –일정 기간 수습 기간을 거쳐 직무수행능력 평가, 평가 결과 전직 취소할 수 있음.	2016년 7월 –교육 경력은 공고일 현재 기준
충북	기획(교육정책–글자 크기, 여백 등 공통 지정) 논술(교육현안, 전문분야 관련) 직무수행 계획서(자기소개, 활동 실적, 지원 분야 업무–점수 미반영, 심층면접 자료)	100+ 가감점	역량 평가(심층면접) –교수–학습지도 분야 –교육행정장학 분야 –자질, 소양 교육관 –직무수행계획 타당성, 창의성 현장 조사 다면 평가	100			교육 경력 12년 이상 충북 5년 이상	–교감계열 TO 별도 존재 –1차는 컴퓨터 작성 후 출력 제출 –전문 분야가 3분의 1 가량됨. 초등은 문화예술, 과학환경, 연수기획, 교육영상이 있으며, 중등은 학교혁신, 정책조정, 시민교육, 홍보기획, 교육영상. 전문분야는 가산점 미적용. 교육영상 분야는 초 · 중등 통합 –각종 가산점(경력, 학위, 연구점수 등) 존재 –1차 합격자는 정원의 2배수 선정	2016년 5월 –교육 경력은 학기말 기준(2016.8.31.)

지역	1차	배점	2차	배점	3차	배점	자격 요건	특징	시험 시기 응시 자격 기준
대구	–서류 심사(교육 경력, 근무 성적, 연구 실적, 가산점) –가산점(보직, 포상, 학위논문, 자격증, 교실수업개선 실적, 입상 실적)	100	–기본소양 평가(교육과정, 교육법규, 교육정책, 전공 서술시험) –역량 평가(수업장학, 기획안, 정보활용) –면접 평가(개별, 집단의 방식, 적성 자질 인성 소양 등) –다면 평가(인성 및 자질, 업무수행능력, 리더십 등)	70 150 50 30			교육 경력 15년 2년간 근평 우 이상	–초등은 일반 · 영어 · 정보, 중등은 과목별 선발 –4회 응시부터 감점제 –가산점제 방식 –1차는 서류전형으로만 실시 후 5배수 선발	2016년 7월 –교육 경력은 공고일 현재 기준
울산	서류전형(경력, 연구점수, 교육활동 실적, 기타 가산점)	20	소양 평가 –논술, 기획(교사) –교감은 기획만	50	역량 평가 –심층면접 –현장 평가	20 10	교육 경력 10년 이상 울산시 5년 이상 근평 우, 보직교사 1년	–중등 과목별 선발, 교감 1명 별도 선발 –선발 예정 인원 7배수를 2차 전형 대상자로 선발	2016년 6월 –교육 경력은 공고일 +1달 기준
충남	서류 평가(기여도, 경력)	10 (교사 일반) 적 · 부 (교감, 전문계열)	논술 평가(교육정책, 기획) 교육활동 실적 평가 직무수행 제안서 평가 · 발표	40 (교사, 일반) 50 (교감, 전문계열)	토의 · 토론 인성 평가(현장 방문)	40 10	교육 경력 17년 이상 (병역, 육아휴직 포함, 기간제 제외) 충남 5년 근무	–교감계열 TO 별도 존재 –중등은 계열별(인문사회, 자연과학, 예 · 체능 · 특성화) 선발 –전문계열(교육홍보, 교육정책 기획, 통일안보교육)은 계열 공통이며 부서에서 3년 이상 근무. 직업, 진로진학은 중등, 초등영어 및 다문화는 초등에 한정. 해당 부서에서 3년 근무 –2차 평가 후 정원의 2배수 범위 내에서 3차 평가 –4회 응시자서부터 서류에서 감점 –답안은 워드프로세서로 작성하여 제출 –전문계열 지원자는 해당분야 활동 실적을 자료로 제출(교육전문직원으로서의 업무수행능력, 필요한 자질 여부를 중심 평가) –직무수행 제안서 평가. 교육전문직으로서 교육정책, 학교 교육과정 지원 등의 업무를 교육 현장 지원의 측면에서 보다 효율적으로 추진하기 위한 자신의 아이디어, 제안 등을 기술 –교감은 소양과 역량 평가만으로 선발(서류나 기획안 논 · 서술형 평가가 없음)	2016년 5월 –교육경력은 학기말 기준(2016.8.31.)

◆교육부◆
(2018. 1. 4. 기준)

조직		
실	국관	과(담당관)
3	4 · 10	49

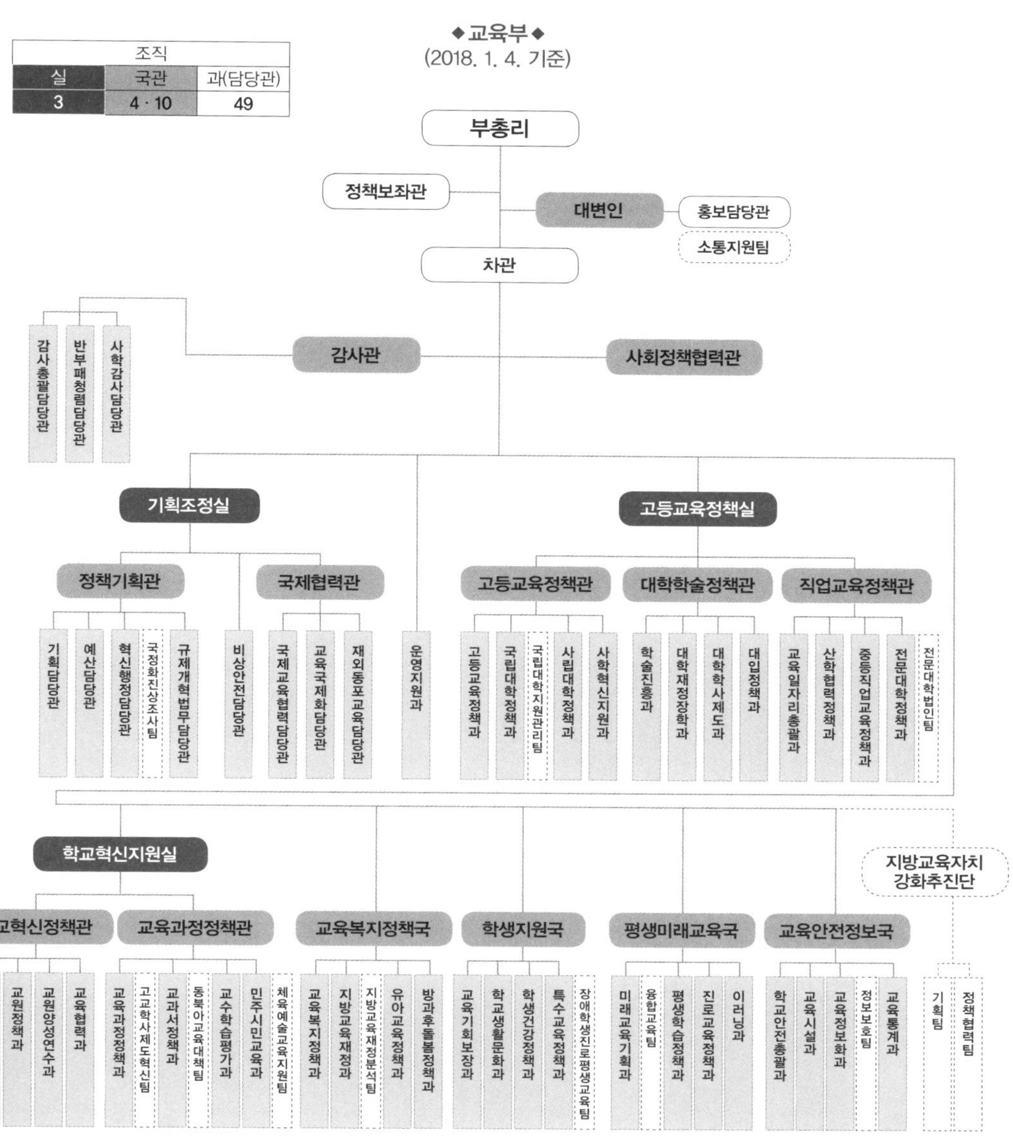

◆서울시교육청 예시◆
(2017. 2. 기준)

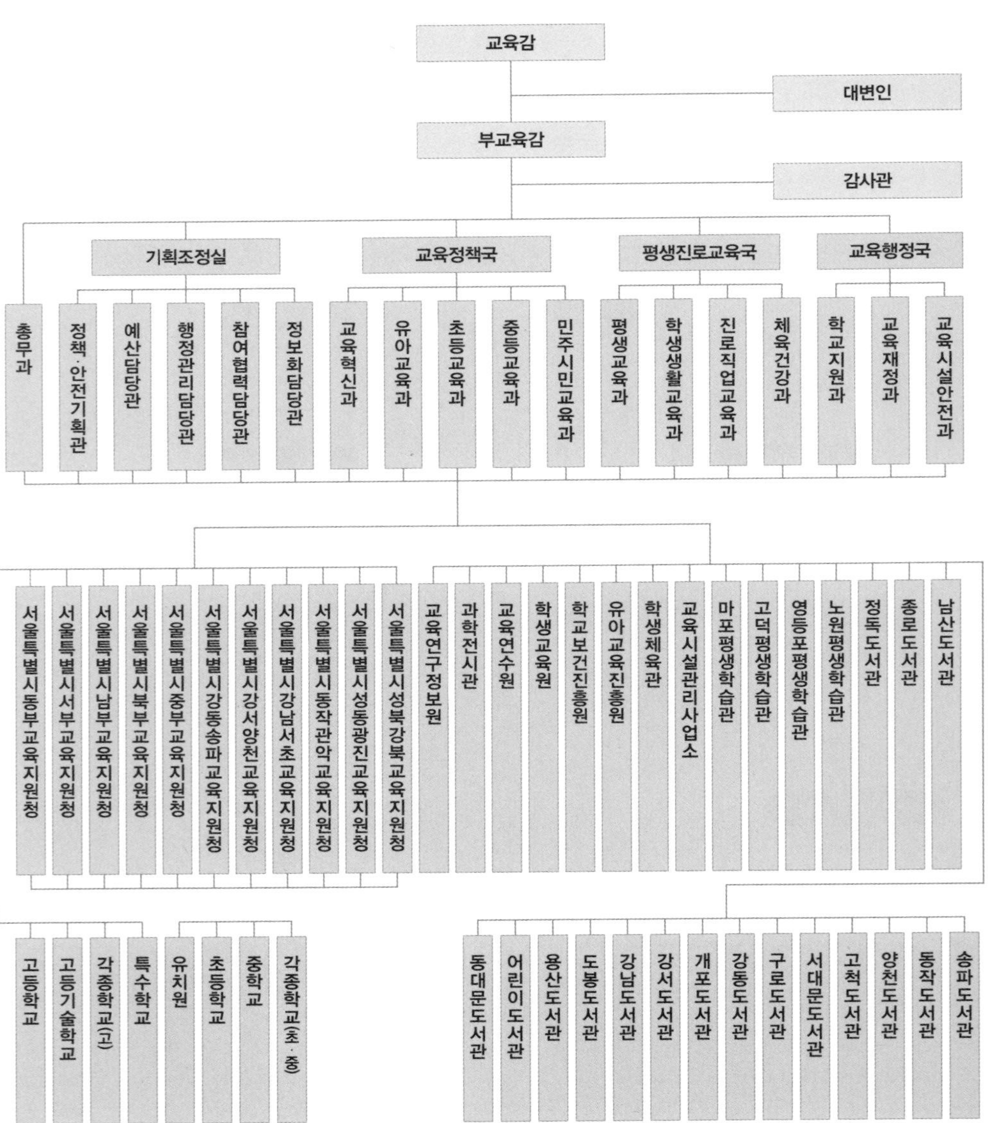

◆교육지원청◆

(2017. 2. 기준 국단위교육지원청)

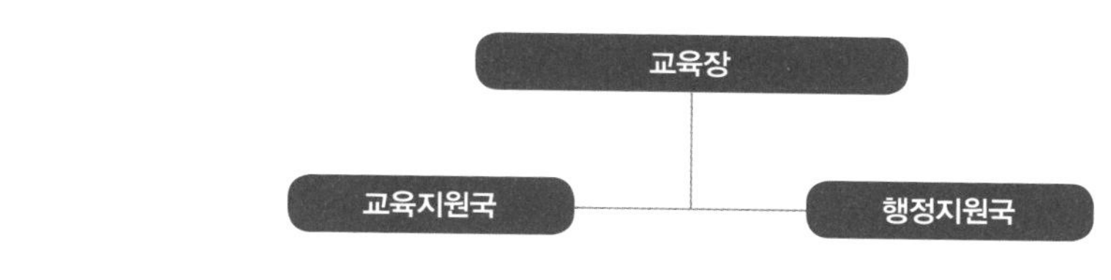

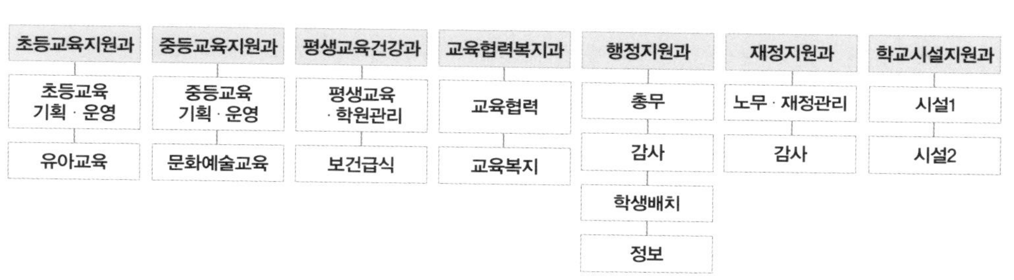

기획은 왜 하는가? 많은 이론적 설명을 생략하고 기획을 하는 이유를 매우 단순화하여 정리하면 '무엇인가 일을 추진하려고 총체적인 계획을 설계하기 위해서'라 할 때, 이러한 기획이 문서로 만들어진 결과를 '기획안' 또는 '계획서'라고 할 수 있을 것이다. 기획이 가지는 가장 기본적인 전제 조건은 그 기획을 실행한다는 점이다. 실행하지 않을 기획은 처음부터 하지 않을 것이기 때문이다. 기획을 실행한다는 것은 크게 2가지 결과를 예상할 수 있다. 기획이 유용하고 의미가 있다면 누군가에게는 도움이 되겠지만, 반대로 그 기획에 오류가 있다면 누군가에게는 큰 피해와 혼란을 초래할 수 있다. 이런 점에서 기획은 신중하고 치밀하게 접근해야 한다.

1. 왜 이 정책 또는 사업을 기획하는가?

기획을 할 때 가장 명확하게 해야 하는 것은 '무엇을 위한 기획인가'이다. 기획하고자 하는 정책이나 사업이 어떤 변화와 효과를 위한 것인지에 따라 초점이 달라진다. 현재 문제를 진단하고 해결하기 위한 새로운 정책 제안인지, 기존의 정책 흐름에서 실효성을 높이고자 하는 사업 기획인지, 국가 수준 또는 지역 수준, 학교 수준인지 등에 따라 기획의 접근과 세부사항이 달라진다.

따라서 기획의 첫 번째 고민은 '왜 이 기획(사업)을 해야 하는가'에서 출발해야 한다. '왜 하는 것인가'에 대한 답이 바로 그 기획(사업)의 목적과 방향, 나아가 그 기획(사업)에 기대하는 바를 설정하는 준거가 되기 때문이다. 그 답을 명확화하는 과정 속에는 현재 상황에 대한 세밀하고 섬세한 실태 파악이 전제되어야 한다. 현재 상황을 최대한 정확하게 파악하기 위한 방법으로 그간의 선행연구 검토, 정책연구 수행, 현재 기획하는 사업과 유사한 과거의 사업 분석, 설문 조사, 전문가 심층면접 등 다양한 방법을 동원해야 할 것이다.

가장 중요한 점은 정책 또는 사업의 주요 대상자를 정책의 중심에 두고, 그들의 입장과 상황을 반영하여 도움을 줄 수 있을 것이라 생각되는 기획이 마련되어야 할 것이다.

2. 기획하고자 하는 정책(사업) 관련 법령과 제도를 숙지해야 한다.

학교는 그동안 수많은 교육정책의 파편을 맞아 왔다. 정책(사업)을 기획할 때에는 학교가 어떤 정책(사업)의 영향을 받아 왔고, 이로 인해 어떤 변화들을 겪었는지 정확하게 이해해야 한다. 사실 학교는 무수히 많은 정책 변화를 겪어 왔음에도 가장 변화가 더디다고 비판받는 곳 중 하나이다. 왜 그럴까? 이를 이해하기 위해서는 관련 법령과 제도, 정책의 변화들을 꿰뚫고 있어야 한다. 예를 들어 입시정책의 변화를 논하기 위해서는 각 입시제도의 특징과 장단점, 어떤 문제점으로 다시 수정안이 등장하게 되었는지, 왜 주도권이 교육부에서 대학으로, 대학에서 교육부로 이동하는지, 그 가운데 고등학교 교육은 어떤 영향을 받았는지에 대한 연구가 수반되지 않은 상태에서 논할 수 없다.

학교의 입장에서 바라보는 예를 들어 보자. 평가정책의 변화에 따라 평가의 내용과 방법, 이를 위한 지원 내용이 꾸준히 변화되어 왔다. 지역단위에서 평가의 실질적인 변화를 위한 사업을 기획하고자 한다면, 학교가 겪은 평가정책의 변화, 현재 적용되고 있는 법령과 제도, 앞으로 변화하고자 하는 평가의 방향 등 전체적인 맥락을 이해하는 것이 필수이다. 이 고민을 안 했다면? 당신은 또 다른 파편을 준비하고 있는 것이다.

3. 누구나 이해할 수 있는 언어로 말하라!

기획안은 일기장이 아니다. 기획안은 남에게 보여주어야 한다. 독자가 분명한 문서이다. 해석이 분분한 기획안은 의도와 상관없이 실패작이다. 자신이 읽었을 때 훌륭해도 남들이 다르게 해석하면 문제가 발생하기 때문이다.

첫째, 용어 하나까지 정확하게 사용해야 한다.

이 말이나 저 말이나 뭐가 다르냐고 생각했다면 기획의 기초부터 다시 연구해야 한다. 법령에서 정의하고 있는 용어, 학계에서 정의하는 용어, 학교현장에서 사용되는 용어, 그런데 기획하는 사람이 새롭게 창조해 내는 용어! 기획안에 정확하게 어떤 용어가 사용되어야 하는지는 기획안이 갖는 정책적 흐름에서 결정된다고 할 수 있다.

둘째, 누구나 이해할 수 있는 대중적인 언어를 구사해야 한다.

지나치게 전문적인 용어를 남발하면 기획안이 그럴듯해 보일 수 있다. 뭔가 있어 보인다. 하지만 독자는 기획안의 내용이 구체적으로 잡히지 않아 답답하다. 교육정책 관련 문서는 학생이나 학부모도 읽을 수 있으므로 고도의 전문성보다는 눈으로 읽어 내려가기만 해도 공감하고 함께해야겠다고 설득할 수 있어야 한다. 자신이 쓴 기획에 대한 가독성은 타자의 눈으로 확인하는 것이 가장 정확하다. 동료 직원 또는 현장의 교원들에게 피드백을 받아 보는 것이 효과적이다.

4. 매력적인 기획안은 어떻게 만들어지는가?

기획안이 매력적이려면 현장의 가려운 곳을 긁어 주고, 아프고 힘든 부분을 덜어 주어야 한다. 기존 정책 및 사업에 대한 비판의식과 문제의식을 발전시켜야 한다. 현장의 의견을 청취하고 각종 연구 자료를 활용하며, 전문적인 정책 모니터링, 언론 보도 등을 참조한다. 정책은 무에서 유를 창조하기보다는 기존 정책의 문제의식을 토대로 형성된다. 문제점을 드러내고 이를 해결할 수 있는 대안을 정책(사업)에 반영해야 한다.

아무리 좋은 대안을 제시하더라도 정책(사업)의 이름이 대중의 시선을 끌고 머릿속에 각인시킬 수 있어야 한다. 기획자 입장에서는 정책 이름 작명소라도 찾고 싶은 심정일 정도이다. 그렇다고 뜬금없는 삼행시나 영문 이니셜로 조합하는 것은 권장하고 싶지 않다. 제목은 내용을 포괄하면서도 핵심을 전달하고, 매력적으로 다가가야 한다. 예컨대, 유사한 내용이라도 "1수업 2교사제"냐 "기초학력보장을 위한 지원체계 구축"이냐에 따라 현장의 반응은 달라질 수 있다. 어떤 제목으로 다가가느냐에 따라 공감대 여부가 달라지기도 하고, 정책(사업)의 성패가 좌우되기도 한다.

5. 제대로 실행할 수 있는 기획안인가?

구체적으로 작동하는 것이 그려지는 기획안인지 살펴야 한다. 처음 기획을 하는 교육전문직일수록 학교의 부장 수준에서 기획안을 작성하는 경향이 있다. 교실과 학교에서 오랫동안 생활했던 교사의 경험이 정책(사업)에 투영되는 것은 당연하다. 그러나 정책은 교육 생태계를 고려해야 한다. 교원 · 학부모 · 학생 · 지역 주민 등 주체별 이해관계의 충돌 지점을 살펴야 한다. 동시에 지역 자치 단체, 도의회, 교육부, 유관기관, 시민사회단체, 타 시 · 도 교육청, 국회(여야), 언론 등 각 기관들의 흐름과 입장을 살펴야 한다. 정책에 대한 각종 변수도 고려해야 한다. 정책 결정 과정에서 정무적인 판단과 각 주체들의 반응을 함께 고려할 수밖에 없다.

기획을 하는 곳이 교육행정기관이라는 사실을 잊지 말아야 한다. 기획안이 공개되었을 때 교육 주체별로 어떤 방향을 향해 무엇을 어떻게 해야 하는지, 그렇게 하면 무엇이 달라질 수 있는지 그려져야 한다. 기획안은 읽고 나서 '그래서 뭘?'이라는 반응이 있었다면 종이 낭비한 거다. 기획안을 읽고 '누가, 언제, 무엇을, 어떻게, 한다'를 이해하는 데 혼란이 없어야 할 것이다.

그러나 무엇보다 중요한 점은 정책(사업) 실행의 주체 또는 관계자가 진심으로 그 정책(사업)이 정말 필요한 거라 인식하고, 그 정책(사업)이 의미 있다고 동의하고 공감할 수 있어야 한다는 점이다. 관련자의 동의와 공감까지도 고려한 기획안이 된다면 정책(사업)은 보다 긍정적으로 실행될 것이라 기대할 수 있다.

6. 정책(사업)은 세발자전거로 달려간다!

정책(사업)을 기획하고 현장에 실행하는 데는 3개의 바퀴가 필요하다.

첫 번째 바퀴는 교육현장에 있다. 현장을 제대로 담아내야 제대로 굴러간다. 두 번째 바퀴는 정책에 대하여 힘을 실어 주는 정무적인 판단과 대중의 지지이다. 자칫 소홀히 하기 쉬운 세 번째 바퀴를 챙겨야 한다. 학술적인 뒷받침이다. 필요할 때는 과감하게 예산을 확보하여 '정책연구'용역을 의뢰해야 한다. 치열한 연구 없이 담당자의 감에 의한 정책 대안 제시만으로는 정당성을 확보하는 데 한계가 있기 때문이다.

최근에는 근거가 될 만한 연구나 설문조사 결과를 바탕으로 법·제도·정책을 만드는 경향이 강하다. 정책연구를 하지 않더라도, 교육공동체(학생·학부모·교원)를 대상으로 하는 온라인 설문조사나 권역별 대토론회 같은 의견 청취 또는 실태 파악을 위한 기초 작업은 선행되어야 한다. 현장에 대한 추측성 진단이나 개인의 의견은 가급적 피하고 구체적인 데이터를 사용한다. 각종 연구물과 통계 자료를 활용할 필요가 있다.

7. 기획안은 화려한 미사여구와 멋있는 편집이 필수? No!

아무리 편집이 화려해도 내용이 부실하면 좋은 기획안이라고 할 수 없다. 간결하면서도 핵심을 정확하게 전달할 수 있는 기획안이어야 한다. 최근에는 기획안의 내용을 요약하거나 도식화하여 핵심 내용을 앞부분에 정리하는 경향이 두드러진다. 표나 그래프, 그림을 적절히 활용한다. 그러나 과도하게 사용할 필요는 없다. 또 분량이 많다고 좋은 보고서는 아니다. 요즘은 보고서 분량을 축소하는 경향이 두드러진다. 수십 페이지의 보고서를 1~2페이지 이내로 압축해서 핵심 내용을 정리할 수 있어야 한다.

핵심을 놓치지 않으려면 기획안을 쓸 때 개요 작성이 중요하다. 개요 없이 작성하다 보면 의식 흐름에 치우쳐 지엽적인 내용으로 흐를 위험이 있고, 전체적인 연계가 흐트러지기 쉽다. 무엇보다 각 장별로 유기적인 연계가 필요하기 때문에, 각 장별 핵심 내용을 사전에 구상하고 써야 한다. 개요를 작성할 때에는 정책(사업)의 목적을 먼저 설정한다. 주제의 위계를 잡아 대주제와 소주제를 구성하고, 각각의 주제에 맞는 내용을 작성한다.

대부분의 정책 기획은 현황 및 실태 분석, 문제점, 목적, 대안 제시 및 향후 계획의 틀에서 크게 벗어나지 않는다. 필요성, 목적, 방침, 기대 효과 등은 너무 길거나 짧지 않게 3~5개 내외로 제시한다. 각 항목의 흐름이 서로 맞아떨어질 때 좋은 기획안이라고 할 수 있다. 예컨대, 목적에서 "지역 내 학생자치회 네트워크 구축을 통한 학생자치회 활성화"를 제시했다면 방침과 내용, 기대효과 역시 관련 내용이 따라붙어야 한다. 세부 계획에서는 핵심적이면서도 구체적인 내용이 들어가야 한다. 목적을 실현하기 위해 필요한 세부 운영 내용이 각각 제시되어야 한다. 각 부서에서 야심차게 기획하여 만든 사업이 타 부서의 사업과 중복되거나 충돌한다는 비판을 받기도 한다. 여러 정책과 사업을 연결 짓는 방향으로 제시하여 유기적이고 통합적으로 정책을 기획하는 것이 필요하다.

8. 아무리 좋은 정책(사업)이라도 공감과 지지가 없다면?

꼭 필요하고 좋은 정책(사업)이 좌초되지 않으려면 사회 전반의 공감과 지지가 절대적으로 필요하다. 먼저 교육계에서 출발하면 정책 공론화와 공감대 형성 작업이 중요하다. 어떤 방식으로 우수사례를 발굴하고 확산할 것인가도 기획안의 중요한 요소이다. 공청회와 토론회, 세미나, 포럼, 정책 간담회 등을 통해 공론화할 수 있다. 우수사례를 확산하는 방식으로는 테드, 타운홀 미팅, 사람책 등도 많이 활용한다.

홍보 수단으로 보도자료를 활용하는 것만큼 효과적인 것이 없다. 보도자료는 두괄식으로 핵심이 먼저 나와야 한다. 무엇보다 헤드라인이 매력적이어야 한다. 헤드라인에 따라 독자는 세부 내용을 읽을지 말지 결정한다. 친절한 보도자료는 후속 취재를 유도할 수 있고, 여론 형성에 결정적인 역할을 할 수도 있으므로 지속적인 정책(사업) 홍보는 불필요한 업무 경감 대상이 아니라 기획에 함께 수반되어야 하는 영역이다.

9. 그 많은 정책(사업)은 어디로 갔을까?

학교를 대상으로 정책(사업)을 쏟아내기만 한 것은 아닐까? 꼭 필요하고 좋다고 평가했던 사업들은 지금 어디에 있을까? 연구학교 또는 시범학교 발표회에서 성과가 나빴다고 하는 것을 본 적이 없다. 그런데도 운영 기간이 끝나면 사업은 중지 또는 폐기하기 바쁘다. 정책(사업)에 따라서는 꾸준히 쌓여서 폐기되지 못하고 현장의 업무량을 늘려 놓기만 하는 경우도 있다.

객관적으로 정책을 평가하고 결과를 환류하는 것도 중요하다. 정책(사업)에 대한 모니터링과 평가를 바탕으로 정책(사업)의 방향을 수정 내지는 보완할 필요가 있다. 보다 객관적으로 정책(사업)을 평가하고 분석할 수 있는 주체를 세워야 하는데, 별도 예산을 확보하여 연구진에게 정책 평가를 맡기거나 모니터링단을 운영하기도 한다. 정책에 대한 모니터링 – 예산 – 성과 평가에 대한 내용은 꼭 포함되어야 한다.

최소한 4년 이상의 정책(사업) 비전을 설계해야 한다. 최근에는 전체 일정을 한눈에 파악할 수 있는 로드맵을 대부분 제시한다. 정책(사업)의 질 관리 시스템을 어떻게 구축할 것인지 고민하고, 정책의 효과성과 지속성을 담보할 수 있는 정책 수단도 구상해야 한다(예 : 정책모니터링단 구성, 정책 평가를 통한 효과성 분석, 교육주체 만족도, 지표 개발, 종단연구 운영 등).

10. 정책(사업)을 실현하는 수단, 이제는 바꾸자!

목표 도달을 위한 정책(사업)의 핵심 수단을 연구해야 한다. 과거에는 예산 지원, 연수 실시, 시 · 도 교육청 및 학교 평가 요소 반영, 연구시범학교 운영, 대회 운영, 승진가산점 반영, 표창장 추천, 컨설팅 및 장학, 감사 등의 수단에 의존하여 정책을 펼쳤다. 근래 들어서는 연구시범학교라든지, 몇 년 간 예산을 지원하다가 사업 예산을 중단하는 사업 추진 방식 등에 대해 현장의 거부감이 커지고 있다. 자치와 자율, 분권의 흐름이 강화되었기 때문에 강제적인 지침으로 정책을 추진하는 데 한계가 있다.

이제는 정책(사업) 목표에 도달하는 데 유용한 정책 도구가 무엇인가에 대해서 치열한 연구와 사례 수집이 필요하다. 운영 주체, 내용, 시기와 방법 등을 포함시켜야 한다. 특히 담당자 혼자서 거대한 정책(사업)을 추진하는 것은 매우 어렵다. 정책을 추진할 수 있는 단위를 어디에서, 어떻게 구성할 것인가가 제시되어야 한다. 특히 정책의 지속가능성을 위해서는 정책(사업)의 근거를 확보해야 한다. 그래서 정책의 근거를 법률이나 법령 · 조례 · 규칙 등을 통해 확보하려는 추세가 강해지고 있다. 이러한 근거가 있어야 예산 확보가 쉬워지기 때문이다.

반면 지나치게 법령에 근거하여 정책(사업)이 추진되면서 교육청과 단위학교의 자율성을 침해하고 있다는 비판도 동시에 제기된다. 최근 논의되는 내용들을 살펴보면, 기획을 하는 개개인이 해결할 수 있는 과제는 아니지만 법령과 제도의 변화가 교육현장으로 향할 수 있도록 관심과 노력을 함께 기울여야 할 것이다.

참고문헌

구본형(2007), **아름다운 혁명 공익 비즈니스**, 세종연구원.
구본형(2007), **코리아니티**, 휴머니스트.
김세정(2012), **초등학생이 꼭 알아야 할 성공한 사람들의 공부 습관**, 참돌어린이.
송인혁(2011), **화난 원숭이들은 모두 어디로 갔을까?**, 아이앤유.
신기현(2004), **미국학교의 행정가, 장학사, 교사의 전문직 프로젝트와 장학 패러다임의 변화 양상**, 교육행정학연구, 22(1), 249–270.
신현석 · 이경호(2016), **교육전문직 제도 운영의 쟁점과 과제**, 교육문제연구, 29(2), 97–124.
안상원(1969), **시학제도의 형성과정과 일정하 한국에 있어서의 시학기관**, 한국교육사학, 1 : 이기훈(2008) 재인용.
오은경(2001), **교육 행정의 기초**, 이화여자대학교 출판문화원.
오재길 · 이수광 · 정병오 · 김은정 · 홍섭근(2016), **교육지원청 혁신 방안 연구**, 경기도교육연구원.
이기훈(2008), **식민지 교육행정과 조선인 교육관료–시학관과 시학을 중심으로**, 이화사학연구, 36, 1–34.
이병만(2016), **장학이의 교육 이야기**, 북랩.
정유하(2005), **감자의 사랑니**, 청어람.
최동석(2014), **똑똑한 사람들의 멍청한 짓**, 21세기북스.
Hargreaves A. · Fullan M.(2012), **교직과 교사의 전문적 자본**, 교육과학사.
Lortie. D. C.(1975), **미국과 한국의 교직사회 : 교직과 교사의 삶 3판**, 양서원.
Beycıoglu, K., & Donmez, B.(2009), ***Rethinking Educational Supervision***. Inonu University Journal of the Faculty of Education (INUJFE), 10(2). BLUMBURG, ARTHUR. 1980. Supervisors and Teachers: A Private Cold War, 2nd edition. Berkeley: McCutcheon.
Glanz & Jeffrey.(1994), ***History of Educational Supervision: Proposals and Prospects***. Paper presented at the Annual Meeting of the Council of Professors of Instructional Supervision. Chicago: Speeches/Conference Papers.
Macdonald, K. M.(1995), ***The Sociology of the Professions***. CA: SAGE Publications.
Young, I. P.(2008), ***The Human Resource Function in Educational Administration***. NJ: Pearson/Prentice Hall.

웹사이트

경기도교육청 홈페이지 http://www.goe.go.kr
교육부 홈페이지 http://www.moe.go.kr
국가법령정보센터 홈페이지 http://www.law.go.kr
국립국어원 홈페이지 표준국어대사전 http://stdweb2.korean.go.kr
동아일보 기사(2009.03.04). **출발!… 같은 조건에서 장학관 되는 데 걸리는 시간은?**. http://news.donga.com/3/all/20090304/8703494/1
세종인뉴스 기사(2016.06.27.) **[김대유 칼럼] 교원성과급 폐지론**. http://www.sejongin.co.kr/news/articleView.html?idxno=2791
숭실대학교 인문대학 국어국문학과 조규익 교수의 블로그(2013.2.24. 등록), **장학사 유감**. http://kicho.tistory.com/322
영국 교육표준행정청 홈페이지 채용 공고. https://www.gov.uk/government/organisations/ofsted/about/recruitment
프랑스 교육부 홈페이지. http://www.education.gouv.fr
한국교육신문 기사(2006.12.13.) **'교장 장학제도' 도입해 취약학교 돕는다**. http://www.hangyo.com/news/article_print.html?no=20230
한국교육신문 인터넷 기사(2017.3.27 등록). **[김선태 교단일기] 냉개 냉개 냉개야!**. http://www.hangyo.com/mobile/article.html?no=80429